# 歴史の失敗学

25人の英雄に学ぶ教訓

加来耕三

日経BP

# はじめに

歴史はくり返す、とよく耳にする。

しかもそこには、不変の法則性があるという。

ではなぜ、そのようなことがいえるのか——歴史の興亡は、人間の一生のいとなみと、そもそも同じ道筋《プロセス》をたどるものであるからだ。

人は生まれ、育ち、気力・体力の充実した壮年期の頂きを迎え、やがて下向して衰亡していく。

不死の人はいない。この個人の構造《メカニズム》は国家であれ、時代であれ、組織でも個人であっても、変わることはない。

換言すれば、これまでに読者諸氏が遭遇した出来事、これから出会うであろう未知の事件にも、同じような経過をたどった過去の、同様の事例《ケース・スタディ》が必ずあった、ということになる。

したがって、歴史は将来への予言といえるわけだ。

「歴史は繰り返す。法則は不変である。それゆえに、過去の記録はまた将来の予言である」

（物理学者・寺田寅彦著『科学と文学』）


歴史に名を留めた人々の生涯を追うとき、これほど納得のいく言葉を筆者《わたし》は知らない。

時代は「平成」から「令和」へと移り、日本を取り巻く環境も相変わらず忙《せわ》しく、かつ混迷の色を深めている。さまざまな問題が突起しているが、ゆっくりと深呼吸をして過去をふり返れば、そこに今とまったく変わらない、同じ歴史のあったことが明らかとなろう。

要は、過去を知り、現代と比較して、その原理・原則を摑み、未来に活かすことだ。

本書では「過去の記録」＝「将来の予言」の中でとりわけ、〝失敗〟を大きなテーマとした。寺田博士同様、歴史学とは無縁の湯川秀樹――日本人として初めて、ノーベル物理学賞を受賞――は、次のように述べている。

「科学の歴史は裏から見れば失敗と停滞の歴史でもある。しかし早い段階での失敗がなかったら、成功も飛躍もなかったであろう。一つも失敗したくないなら、人のまねをするほかない。まねばかりでなく、しかも取りかえしのつかない大きな失敗もしたくないなら、早い段階での失敗を恐れてはならない」（『自己発見』）

本書に登場する二十五人の〝失敗〟を検証するとき、「早い段階での失敗」を恐れず、

「禍《わざわ》い転じて福《さいわ》いと為《な》さん」（『十八史略』）とした人は、見事に成功を手にしていたことが知れる。

『淮南子《えなんじ》』にいう、「禍いの中に福《ふく》あり」（禍いを上手に処置して、幸福に変ずる）であったが、一面、この「敗《はい》に因《よ》って成《せい》を為す」（失敗を転じて、成功に導く――劉琨《りゅうこん》『謝録功表』）は、なかなか言うは易いが、実行がともなわないことが多いのも事実であった。

人間は誰しも、追いつめられたと自覚した時は、必死となる。「敗棋《まけご》に勝ちあり」（『通俗篇』）である。このままでは、負け碁になる、と思えば懸命に立て直しを考え、一段と注意力を働かせて、勝ち目が生まれることも珍しくはない。これは湯川博士のいう、「早い段階での失敗」といってよい。

ところが、「禍《わざわ》いは細微《さいび》（小さな油断）より起こる」（漢の劉向《りゅうきょう》撰『説苑《ぜいえん》』）のが「大きな失敗」の常で、取り返しのつかない〝大敗〟はことごとく、「得意《とくい》の時、便《すなわ》ち失意の悲しみを生《しょう》ず」（明の洪自誠《こうじせい》著『菜根譚《さいこんたん》』）であることが少なくない。順境のときこそが、あぶないのだ。実は逆境のときではないことを、歴史の世界は雄弁に語っていた。

「存《そん》すれども亡《ぼう》を忘れず」（「五経」の一《いつ》・『易経《えききょう》』）である。

国家にせよ、他の物にせよ、生命《いのち》しかりだが、いま存在しているものでも、いつ亡《ほろ》びるかもしれない。いつ消えてしまうかもしれない、という危機感、緊張感を忘れないようにしなければならない、と古人は忠告してくれるのだが、これがとかく生身のわれわれ人間には出来ない。否、英雄と呼ばれる人々も同断であった。つい忘却《ぼうきゃく》してしまう。

なぜならば、人間は本来、「享楽《きょうらく》」（たのしむこと）を目的に生きる動物だからだ。

「怨《うら》み豈明《あにあき》らかなるに在《あ》らんや。見えざる是《こ》れ図《はか》れ」（『春秋左氏伝』）

これはまさに、真理である。他人の怨みは、決してあらわに出てくるものだけではない。むしろ、目にみえないところにも積み重ねられている。だからこそ、その見えない怨みをよく注意して備えなければならない、というのはその通りだ。

が、これを真に理解できる人は、すでに「大きな失敗」を経験して、奈落の底に一度落ち、そこから這《は》い上がって来た人であろう。

あるいは、絶望の淵に追いつめられながら、生還した人かもしれない。

本書にも多数の事例《ケース・スタディ》として、絶体絶命の窮地に追いつめられた人々が登場するが、

「窮《きゅう》すれば則《すなわ》ち変じ、変ずれば則ち通《つう》ず」（『易経』）

これこそが、〝失敗〟の学びどころかもしれない。

何事も追いつめられ、いよいよダメかという局面まで来ると、そこに必ず変化が生じる。

その変化を逆境の中で耐えて、見逃さなかったものだけが、そのほんのわずかの変化＝逆転の機会《チャンス》を摑み、生還の道を探し当てることができた。詳しくは、目次を――。

なお本書は「歴史家　加来耕三氏が紐解く　歴史の失敗学」と題して、NTT東日本のホームページ上に連載させていただいたものに、大幅な加筆を行い、別の歴史の事例も幾つも足して、一冊にまとめたものである。

読者諸氏が「転ばぬ先の杖」として、あるいはご自身の〝失敗〟と重ね合わせながら、歴史の教訓＝叡智に学び、明日をより良く生きるための参考としていただけたなら、これにすぎる喜びはない。

なお、本書執筆にあたりましては、連載以来、今回の書籍化にあたっても、すばらしい挿画を描いて下さった日本画家　中村麻美《まみ》先生、ならびに編集の労をとって下さった日経BPの田中淳一郎氏に、この場を借りて心より感謝の意を表します。

令和元年晩秋　東京・練馬の羽沢にて

加来耕三

第六章
## 現状に甘んじたふがいなさ……177

第七章



第八章

# 第一章　天下取りを逃した傑物

真田幸村　大坂の陣

本音を漏らしたための大失敗

# すべてうまくいくはずだった黒田官兵衛

## 正直者の長所と短所

戦国武将・黒田官兵衛（孝高《よしたか》・号して如水《じょすい》）といえば、『名将言行録』（元館林藩士の岡《おか》谷繁実《のやしげざね》による武将伝）の、次のくだりが印象的であった。

「孝高は竹中重治《しげはる》（半兵衛）と並ぶ、羽柴（のち豊臣）秀吉帷幄《いあく》（作戦会議所）の人物であった。聡明・機敏で常識に捉《とら》われず、驚くようなすぐれた計画を立てたので、幕下の者は二人を評して、漢の良平《りょうへい》だといった」（著者現代語訳）

漢の良平とは、すなわち、

「帷幄の中に謀《はかりごと》を運《めぐ》らし、勝ちを千里の外《そと》に決した」

と後世に驚嘆された二人の人物——中国を統一し、前漢帝国を開いた劉邦（高祖）の軍師・張良《ちょうりょう》と陳平《ちんぺい》の両者を指した。

この場合、官兵衛は陳平の方をふられたことになる。

華麗な策謀を代表する張良＝竹中半兵衛に比べて、いささか暗い、堅いイメージが陳平にはあった。

江戸時代以降、このイメージは官兵衛につきまとい、「令和」の今日にいたっているといっても過言ではあるまい。

だが、稀代の策謀家、軍師としての印象ほど、実は彼の実像から遠いものはなかったのではないか、と筆者はこれまでも疑ってきた。

もしも官兵衛が、己れの謀才を誇って、つぎつぎと奇略を繰り出し、敵味方の諸将の心中を手玉にとるがごときことをすれば、どうして人々はその言動に、幾度も乗せられたであろうか。

「あの男には、信が置けぬ——」

「また、騙されるのではないか——」

ひとたび、そうした評価がかたまれば、当然のことながら、人々は官兵衛を危険視すると同時に、油断のならない人物として警戒もしたはずだ。

そうなれば、いかに卓越した計略といえども、実行や成功は覚束《おぼつか》なくなる。騙《だま》されると知りながら、引っかかる物好きは、この世にいないのが道理だ。

ところが、官兵衛はその生涯において、幾多の作戦を見事に立案し、実行して、成功に導いている。

なぜ、彼の策略は可能であったのだろうか。その理由を素直に考えれば、なによりもこの一代の策士は、その心根において、存外、正直者であった、との意外な結論が出てくる。無欲で無私、心映えの涼やかな人物であったからこそ、官兵衛の案出する策略は、多くの人々に支持され、生き生きと実践されたといえるのではあるまいか。

つまり、他人のものを奪って、己れを肥大化させるという、乱世での生々しい俗物的なエネルギーが、官兵衛には本来、欠落していた、と考えた方が納得はしやすい。

だが、そうした性格は当然のことながら、長所と短所の双方を持った。

# 手に入れた節義

天文十五年（一五四六）、官兵衛は播州（現・兵庫県）の小大名・小寺《こでら》氏（御着《ごちゃく》領主）の家老の家に生まれ、いちはやく東方に興った織田信長の勢いを察知。そればかりか、その天下制覇を確信する。そのうえで主家の小寺氏を、織田方に随身させようと説得した。

「中小勢力が生き残るには、常に旗幟《きし》を鮮明にしなければならぬ」

というのが、官兵衛の持論であった。

が、そのためにこの切れ者は、かえって主家に裏切りを疑われ、自身の生命《いのち》を危うくしてしまう。

保身のための才覚や工夫など、幾らでも浮かぶ頭脳をもち合わせていながら、官兵衛はそうした手当てを何一つしていなかった。

ひたすら正攻法で利害を説き、天下の形勢を語って、一度は小寺氏を織田方につけることに成功している。

ところが、織田方の部将・荒木村重の信長に対する謀叛で、官兵衛は主君・小寺藤兵衛《とうべえ》（政職《まさもと》）が村重に己《おの》れを殺害させようとしているのも知らず、摂津有岡《ありおか》（現・兵庫県伊丹市）

の村重のもとへ、反逆を翻意させるべく赴いた挙句、牢獄に幽閉されてしまった。

村重がキリシタンに理解のある男でなければ、官兵衛の生涯もここまでであったろう。茶人・千利休（のち秀吉の側近）の高弟でもあった村重は、「数寄《すき》」を凝らす文武に優れた武将として、反逆するまでは信長を支えた最高幹部＝方面軍司令官に準ずる一人でもあった。心の何処かに、官兵衛への憐憫《れんびん》の情もあったのだろう。

官兵衛は獄中で生死の境をさまよいつつ、天正七年（一五七九）十月、有岡落城とともに救出された。この時、彼は骨と皮だけという惨状で、しかも、湿地の劣悪な環境のため、全身には皮膚病がひろがっており、片膝は曲がったまま、もとに戻らぬ有様であった。

解放時の官兵衛の姿は陋醜《ろうしゅう》そのもので、稀代の策謀家にしては、これほどお粗末な結末はなかったろう。

だが、多くの犠牲をはらった官兵衛は、引きかえにたった一つ、確かなものを手に入れた。

「節義」

である。小寺官兵衛（当時）という男は、決して約束を違《たが》えない、との評判は、その後半生に大きな財産となった。

その後、自らを裏切った小寺家と袂《たもと》を分《わ》かった官兵衛は、織田家の中国方面軍（主将・羽柴秀吉）に協力して、降参するであろう豪族や徹底抗戦の予想される国人《こくじん》の区分、あるいは降伏勧告の使者といった仕事に任じて、それ相応の成果をあげていた。

だが、彼の名を後世、天下に轟《とどろ》かせたのは、やはり天正十年、秀吉の陣に加わり、備中高松城（現・岡山県岡山市北区）の攻囲に参加したことによる。二ヵ月を経ずして、落城も近いと思われたとき、不意に〝本能寺の変〟の急報が飛び込んで来た。

おそらく官兵衛の生涯において、もとより秀吉にとっても、最も重大といえる交渉の場がしつらえられたわけだ。

## 虹のような夢

相手は高松城にこもる清水宗治《むねはる》の、背後にある毛利氏――より具体的には、毛利氏を代表する外交僧・安国寺恵瓊《あんこくじえけい》である。

この乱世における学殖第一等の僧は、信長の憤死と秀吉の出世を予言したことで、今日に名を残したが、官兵衛の前には、落城寸前の高松城救済と和睦の任をおびて、現れた。

「五ヵ国を進呈したい」

というのが、毛利氏の示した和睦の条件であった。

五ヵ国は、毛利氏の全版図の半分に相当する。毛利氏にとって、目前の秀吉軍は、さほどの脅威ではなかった。問題は背後の、信長である。すでに東方の大国をことごとく傘下に取り込んだこの覇王には、十万を超える動員が可能であった。

これらが一気に西進すれば、高松城はおろか、その城南に布陣する毛利勢三万は、瞬時にして撃破されてしまうに違いない。

毛利方では、信長の命をうけた方面軍司令官クラスの明智光秀が、中国筋へ向けて進発する、との情報もすでに摑んでいた。

五ヵ国を割いて家が存続できるのであれば、と毛利方では決断したのであったが、この時点で彼らは信長横死を予知しうるはずもなかった。

秀吉は、城将の清水宗治の切腹をも条件に加えて、なお返答を渋っていた。

官兵衛と恵瓊が中心となり、交渉はくり返し行われ、ようやく和睦の条件として、宗治が切腹する旨が呈示された六月三日――〝本能寺の変〟の急報が届いた。

官兵衛は急報に接し、すぐさま秀吉と協議に入る。

下手をすれば秀吉軍は、敵地の中で自滅しかねない。

正面には毛利勢があり、背後の京都には光秀軍がいる。しかも、二万七千五百余の秀吉軍は混成部隊も同然。秀吉の直属軍は六千にすぎない。味方となった岡山の宇喜多勢一万などは、信長の横死を知れば、たちまち離反する恐れが多分にあった。

が、官兵衛は秀吉に、

「おめでとうござる。これにて秀吉殿の天下でござるな」

と、正直に己れの存念を口にした。

一瞬、秀吉はギクリと硬直したが、官兵衛はそのことには気づかなかったようだ。

秀吉軍の抱える矛盾や弱点をカバーし、敗亡の淵から甦《よみがえ》り、「死地」から脱出するために、官兵衛は起死回生の妙策を、すばやく打ち出した。

「これを機に、秀吉どのが、天下を取られる」

虹のような破天荒な夢を、中国方面軍の全将兵の中に、噂として流したのである。

秀吉が天下人になれば、参加した部将たちは大名となり、足軽も将士に昇格する。このような幸運がはたして、己れの一生涯の中に、何度あるであろうか。

人々は己れの明日を夢みて、この僥倖《ぎょうこう》に奮い立った。

効果は絶大であったが、この夢をより完璧に演出・実現させるためには、まず、目前の毛利勢の目をくらませ、急反転して光秀を討たねばならない。

官兵衛は深夜ながら恵瓊に急使をおくり、彼を呼んで宗治切腹の刻限を決めた。領国も三ヵ国でよし、としている。

こうした瀬戸際で役立つのは、一《いっ》にその人物の人柄であったろう。恵瓊は官兵衛の、深夜の呼び出しや刻限決定、領国割譲の譲歩に、いささかの不審も抱かなかった。むしろ、毛利家への好意と受け取ったふしすらある。これまでの接触で恵瓊も、官兵衛の人となりを知っていたればこそ、そのように思ったのであろう。

——戦場外交は、一応終了した。

## 名参謀を使いこなす側の心理

次はいよいよ、〝中国大返し〟である。

この重大な局面で官兵衛は、講和の証し=毛利方から預かった二人の人質（小早川元総《もとふさ》〈のちの毛利秀包《ひでかね》〉、吉川経言《つねこと》〈のち広家《ひろいえ》〉）を、先方に返すよう秀吉に進言していた。

「光秀に勝利すれば、天下の信望は秀吉どのに一身に集まり、毛利方は人質の有無にかかわらず、あなたに臣従いたしましょう。万一、光秀に敗れるようでは、生還は期しがたく、毛利の人質も意味はありますまい」

秀吉は官兵衛の進言に従い、中国筋を大回旋して、備中高松城を出発して二日で姫路、五日間で二百キロを駆け抜け、ついには六月十三日、山崎の合戦で光秀を討ち倒した。

その後、秀吉は柴田勝家との間に賤《しず》ヶ《が》岳《たけ》の戦い、家康に対しては小牧・長久手の戦いを行うが、この間、官兵衛は秀吉の帷幕にはいない。

前者の戦いでは、一部将として戦場にあり、勝利に貢献したが、後者の場合は、毛利氏との境界を定める交渉に出向いていた。

こうした状態は、天正十三年（一五八五）の四国征伐や、つづく九州征伐でも変わることはなかった。なぜか。

秀吉が官兵衛の謀才を恐れ、徐々に彼を帷幄《いあく》から遠ざけたからである。

官兵衛はおそらく、己れの〝千慮《せんりょ》の一失《いっしつ》〟をこの頃になって、思いいたっていたに違いない。あの、「おめでとうござる」が余計だったのだ。

あの時、秀吉は亡き主君信長を想って、手放しで泣いていた。

だが、秀吉は泣きながらも、起死回生の策を考えていたのだ。

そこへ官兵衛に、己れの図星を指されてしまった。凍りつくような恐怖、官兵衛の謀才を思ったならば、どうしてこのようなできすぎる男を、身近に置くことができようか。

自らが信長の後継者となるうえで、官兵衛が必要なうちは仕方がなかったが、〝天下〟がみえてくれば、一刻も早く手放したい厄介者《やっかいもの》であったとしても、おかしくはなかったろう。

慶長九年（一六〇四）三月二十日、稀代の参謀は不遇を託ちつつ、山城国伏見（現・京都市伏見区）で、平穏にこの世を去った。ときに、五十九歳であったという。

振り返ってみれば、軍師としても、黒田家のトップとしても、官兵衛の生涯は、実に見事であったというほかはない。

もし、秀吉が官兵衛の、正直者の謀才を受け入れうる器量をもっていたならば、この節義を通す参謀は、おそらくその後、豊臣家を守り抜いたに相違ない。

ともに、残念なことであった。できすぎる参謀や部下をもつときは、全部を委ねるか、使い捨てを最初から覚悟するか、このあたりが重大な要点《ポイント》であるようだ。

理念先行が実利主義に敗れるとき

# 時をかけて武将を従えた家康に負けた石田三成

## 商人は信義に生きる

若き日の戦国武将・石田三成について、『古今武家盛衰記《ここんぶけせいすいき》』（黒川真道《くろかわまみち》編）に、興味深い挿話が述べられている。

いまだ豊臣秀吉が織田信長の部将として、「羽柴」の姓を名乗っていた頃のこと。あるとき、三成の忠勤ぶりを認めた秀吉が、五百石の新知を与えようと三成に告げ、

「なにか存念があれば申してみよ」

と問いかけた。

すると三成は、平伏して主人に感謝の辞を述べたあと、五百石の加増を辞退して、「叶《かな》うことなら、宇治・淀川の両岸に生い茂る荻《おぎ》や葭《よし》を、刈り取る運上（税金）を、取り立てるべく、仰せ付けください」

と言上。さらに、聞き届けていただければ、

「――一万石の軍役をもって任じ、ご厚恩に報いたいと存じます」

とまで言い切った。

荻や葭の運上など、前例がなかった。

が、秀吉は三成のこの奇妙な申し出を許す。しかも、軍役については「追って命じる」とし、成果を上げ得なかった場合でも、三成を処罰しないですむ配慮まで示した。

それを知ってか知らずか、三成は在所ごとに郷民を集めると、各々に一町につき幾らと運上銭を取り決め、荻や葭を刈り取らせるごとに、運上を受け取った。

しばらくすると、信長のもとから秀吉に、丹後・丹波・但馬の三ヵ国にまたがる豪族・波多野秀治《はたのひではる》を討伐するよう軍令が下る。

――そのときであった。

団扇九曜《うちわくよう》に金の吹貫《ふきぬき》をつけた旌旗《せいき》を先頭に、武具・馬具を華やかに鎧《よろい》おうた武者が数百

騎、全員が各々に金の吹貫を旗印として、馬上の秀吉のはるか後方から、静々と押し出してきた。

「はて、敵か味方か――」

いぶかる秀吉のもとへ、使番が駆け込んでくる。

石田三成の軍勢だ、というのである。三成は秀吉との約束を違《たが》えず、宇治・淀川の荻と葭の刈り取り運上銭で、一万石以上の軍役を賄ったのであった。

近江（現・滋賀県）で生まれた三成には、商人《あきないびと》のような才覚が、生まれながらにして備わっていたように思えてならない。

十一年つづいた応仁の乱以後、戦国乱世が百年近くも慢性的に日常化していた。

後世からみれば、中世はまさに終幕を迎えつつあったが、朝廷や公家、僧侶や武家貴族が、青息吐息で衰微を嘆いているのに、民衆の力は年々、逞《たくま》しく向上していた。

要因は、これまでにない新興階層、商人の勃興にあったといってよい。

彼らは〝下剋上〟の波に乗り、諸国に割拠する戦国大名たちが、自領を富国強兵化するのに、なくてはならない存在として成長・発展していく。

様々な物産を往来させて、商いをしては、運上銭を土地の大名に落としてくれる。彼ら商人は信義を重んじ、決して約束を破るということがなかった。

三成の主人秀吉も、こうした真っ正直な商人階層に紛れて、成人した人であったといわれている。

## 備わった宿命

秀吉と三成の出会いについては、両者の在世中から世間に流布されていた『武将感状記』(『砕玉話《さいぎょくわ》』)や『志士清談《ししせいだん》』、『名将言行録』などにも記載されている。

なかでも、「三献茶」の挿話は一般に知られていた。

信長の部将として北近江三郡(旧浅井《あざい》長政領)を与えられた秀吉は、ときおり鷹狩《たかが》りを口実に、領内の見回を行った。江戸期の換算で十二万石程の封地を隈なく訪れ、民意を汲むとともに、新しい家臣の発掘にも彼は余念がなかったのである。

ある一日、伊吹山に鷹を放った秀吉はその帰途、とある寺で茶湯を所望した。

寺については諸説あるが、それはともかく、声を聞きつけた稚児小姓が、さっそく大ぶりの茶碗に茶湯《さゆ》を七、八分目、ぬるめに点《た》てて持参した。

喉《のど》が渇《かわ》いていた秀吉は、ごくごくと喉を鳴らしてこれを一気に飲み、「いま一服を」と声をかける。

すると今度は、前のよりも少し温かい茶湯が、茶碗に半分ほど容《い》れられて出てきた。

この時点で秀吉には、感ずるものがあったようだ。

「さらに、もう一服――」

と三杯目を望んだ。

出された茶湯は、小ぶりの茶碗に熱く、しかも少量容れられていた。

「其ノ気ノハタラキヲ感ジ」（『武将感状記』）

秀吉は応接した稚児小姓のさりげない工夫に感心し、その立ち居振る舞い、みるからに涼しげなよく動く瞳、端整な容貌に満足した。

気に入ったとなると、秀吉の行動は早い。寺の住職に懇望し、この稚児小姓を貰いうけた。名を石田左吉、のちの三成である。

「三成の出自は、寺の小坊主であった」

などと江戸時代の文献にあるが、これは天下を制した徳川幕府におもねるものでしかない。

信頼にたる『霊牌日鑑《れいばいにっかん》』（三成の嫡子で、妙心寺寿聖院《じゅしょういん》の第三世となった済院宗亨《さいいんそうきょう》大禅師＝隼人正重家《はやとのしょうしげいえ》が伝えた石田家の過去帳）などに拠《よ》れば、のちの石田治部少輔《じぶのしょう》三成は、歴とした武家の子であった。

父の名は隠岐守正継《おきのかみまさつぐ》。近江の名流・京極氏の家臣であったともいわれ、三成が寺へあがった頃は地侍として、伊吹山西麓の坂田郡石田村（現・長浜市石田町）に住していた。

その生活には、多少のゆとりもあったようである。

三成は、次男であった。寺で稚児小姓をしながら、学問をしていたという。

秀吉と出会ったのは、『霊牌日鑑』や「石田系図」（極楽寺系図）によれば十八歳、『武将感状記』では十五歳とあり、今日の〝二十歳《はたち》〟と同様に、大人として扱われる〝元服〟の年齢であった。

三成は秀吉の小姓となって、そのまま近習《きんじゅ》をつとめ、抜擢されて使番・奏者《そうじゃ》の役を無難につとめている。秀吉は急ごしらえの子飼いの中で、はやくから三成に注目していた。

どのような役目を与えてもそつなくこなし、しかも、要領よく適当にやる、といった仕事ぶりではなく、律義なまでに徹底した忠勤ぶりを示したからであった。

おそらく、彼の性格なのであろう。

『名将言行録』には、三成の言動が畏敬の念をもって書き留められている。

三成は当時、（秀吉の）第一の出頭人《しゅっとうにん》であったが、日夜のつとめを少しも怠ることはなかった。大風雨の夜などは徹宵《てっしょう》（夜通し）で城の内外を見てまわり、破損の有無やその程度を詳細に調べて、夜の明ける卯《う》の刻（午前六時頃）には秀吉に報告した。これを本来の責務とする普請奉行のほうが、巳《み》の刻（午前十時頃）になって、ようやく報告する有様であった。（筆者現代語訳）

あるいは、次のようなくだりもあった。

三成はつねづねいっていた。人に仕える者は、主人から与えられる物や俸禄を、全部使って奉公に万全を期すべきである。使い過ぎて借金するのは愚人だが、使い残すのは盗人《ぬすっと》である。（同右）

三成が秀吉の近侍となった頃には、主人の秀吉にはすでに浅野長政、増田長盛《ましたながもり》といった、三成より十四、五歳も年長の側近がいた。

長政は尾張の出身で、秀吉の正室・北政所（おね）の養女として育った家の出。最も早い時期に、秀吉の近侍となっている。

長盛のほうは、近江の浅井《あざい》郡益田郷（現・滋賀県長浜市益田）から出ており（異説あり）、秀吉に召し抱えられた時期は、三成のそれとほとんどかわらない。計数に明るく、それでいて剛直な性格が秀吉に愛された。

長政も長盛も後年、三成とともに豊臣政権の主柱「五奉行」のメンバーとなっていく。

## 三成の真の評価

こうした先輩の中にあってなお、若い三成が頭角を現し、ついには秀吉に、「才器ノ我ニ異ナラヌモノハ、三成ノミ」（三成の能力は自分とかわらない）とまで言わしめるようになったのは、なぜか。これこそが、三成の生涯を方向づけ、宿命的に〝天下分け目〟の関ヶ原の戦いへと向かわせた遠因でもあった、と筆者は見ている。

即ち、三成のセンスと理念が、打算のみの戦国時代にあって、きわめてめずらしかったからではあるまいか。正義の観念が強すぎた、と言いかえてもよい。

それゆえにこそ秀吉は、三成を純粋に育成して、将来の豊臣政権の、幹部候補生となした、とも言える。

〝本能寺の変〟で織田信長が横死して以来、秀吉は天下統一を視野に置きつつ、諸国での検地をすすめ、一方ではこれまでの、自給自足的な経済の仕組みを根底から改め、貨幣流通による新経済の骨組みを確立しようとしていた。

室町末期に途切れてしまった全国の輸送体系《システム》と、預金制度や新式の記帳方法の研究、諸国特産品の選定、流通等々にも力を入れていたのである。

こうした目には見えにくい、大事業の実務担当・総括をしていたのが、子飼いの石田三成であった。

三成は京都と諸国を結んでいた数多くの経路《ルート》を、そっくりそのまま京都から大坂に移し、大坂を全国の物流の拠点＝始発《ターミナル》・終着駅として、地方のあらゆる物産を集積し、現金化すべく仕組を創出しようとした。

しかも彼は、それをほぼ独力でなしとげたといってよい。

その手腕が遺憾なく発揮されたのが、完璧なまでの四国・九州征伐軍の輸送であり、朝鮮出兵の送迎であった。三成なくして、これだけ大規模な人員・物資の移動計画の立案・実施は、不可能であったといえる。

慶長五年（一六〇〇）九月の関ヶ原の戦いにおいて、西軍の主将たる三成は、衷心から、このたびの挙兵を豊臣家の義戦と位置づけ、西軍参加の諸将にもそうした意識の涵養《かんよう》（自然にしみこむように養成する）を計った。

だが、こうした道徳律は、移ろいやすい乱世の人心を、繋《つな》ぎとめておくだけの魅力には乏しかった。戦国乱世を成り上がってきた諸将にとっては、恩賞＝利益こそが、すべての原動力であった、といってよい。

それを承知していながら、三成は「豊臣恩顧の大名は、豊家《ほうけ》のために戦うべきだ」と主張し、大名たちに期待した。それがやがて昇華して、間違いなく彼らは豊臣家のために戦ってくれる、との確信にも似た思い込みとなっていったのである。

無論、三成も諸侯が望むであろう恩賞を約束し、利で諸侯の功名心に訴える工作はしている。だが、己れの身中の純然たる〝正義〟（節義）は、諸侯たちの胸奥にも必ずあるはず、との希望的観測があったため、ややもすると三成の謀議は、利益に対する詰めの甘さを残した。

一方、東軍の総大将・徳川家康は違った。この男はそうした〝思惑《おもわく》〟〝願望〟といった類のものを、生涯かけて、自身の中で濾過《ろか》して生き残ってきたような現実主義者であった。両者の心の持ちかたの違いが、関ヶ原の戦いの勝敗に、そのまま影響したように思えてならない。

だが、三成が示した〝正義〟（節義）の重要性を、最も理解していたのは、実は他の誰でもない、関ヶ原に勝利した家康本人であった。歴史の皮肉といってよい。

石田（三成）は日本の政務を取りたる者なり。（中略）軍《いくさ》敗れて身の置處《おきどころ》なき姿となるも、大将の盛衰は古今に珍しからず。命をみだりに棄てざるは将の心とする所、和漢其《その》ためし多し。更《さら》に恥辱にあらず。（『常山紀談《じょうざんきだん》』）

と家康は、近習に語ったという。

徳川の幕藩体制は、まさに三成の理想を具現化した政権であったともいえる。

それればかりではない。あらゆる理念がゆらぎ、政治・経済・外交が混沌とする現代にあっても、三成のめざした理想は形をかえて厳存している。

才能より信頼

# 後世に名を残すしかなかった真田幸村

## 徳川家に二度勝利した父

戦国時代の末期、大坂の陣に彗星《すいせい》のごとく現れ、天下人である徳川家康を敵にまわし、冬の陣では完膚なきまでに攻城方を叩きつぶして、夏の陣では家康の生命《いのち》を狙い、あと一歩と迫った武将に、真田幸村（正しくは、信繁《のぶしげ》）がいる。

だが、この名将をもってしても、どうすることもできなかった、現実の壁が存在した。

〝若さ〟に泣いた半生とでもいえば、少しはわかりやすいかもしれない。

後世の人々に追慕される幸村は、もとより本人の軍才も図抜けていたが、真田昌幸《まさゆき》を父にもったことが、その人生の大半を決した、といっても過言ではなかった。

なにしろ昌幸は、生涯に二度まで、天下無敵といわれた三河武士＝徳川の軍勢に勝利していた。

一度目が領地の沼田領の分配をめぐって、家康と対峙《たいじ》した天正十三年（一五八五）、閏《うるう》八月、七千八百余で攻めかかって来た徳川軍を、二千足らずの兵力で、見事に跳ねかえしていた。このおり幸村は、已れが人質となっていた、越後の上杉景勝に救援を求めて、大活躍したとも伝えられるが、父・昌幸、あるいは岳父となる大谷吉継ほどには、世にその名が知られることはなかった。

慶長五年（一六〇〇）九月、世にいう〝天下分け目〟の関ヶ原の戦いが、美濃関ヶ原（現・岐阜県不破《ふわ》郡関ケ原町）においてくり広げられた。このおり、幸村は三十四歳。真田家の当主である昌幸（五十四歳）とともに西軍についていた。

舅《しゅうと》の吉継はこの時、西軍全体の参謀を担っていた、といってよかったろう。

だが、勝敗の帰趨《きすう》は予断を許さず、真田家では万一を考え、家督相続者の信幸《のぶゆき》（のち信《のぶ》之《ゆき》・幸村の兄）を、父とは反対の東軍に参加させた。信幸の妻が、東軍の徳川四天王の一《いっ》・本多忠勝の娘であることも、その理由ではあるが、真田家の生き残りを考えての、苦肉の策であったことは間違いない。

一方の幸村は、このおりも、正しくは〝部屋住み〟〝厄介者〟という中途半端な身の上にあった。このことは、のちの大坂の陣を考えるとき、重大事であったといってよい。

——昌幸は、己れの軍才に満胸《まんきょう》（胸一杯）の自信を持っていた。

そこへ、西軍の事実上の主宰者たる石田三成より、甲斐・信濃・上野《こうずけ》三ヵ国百十三万余石の大名にする、との密書がもたらされた。

昌幸は信州上田（現・長野県上田市）の城砦を固め、計略を密にして、東軍の主力や徳川勢の来襲に備えた。

美濃をめざして、江戸を進発した徳川の軍勢は二手に分かれ、うち中山道をとった家康の嗣子・秀忠の軍勢＝主力軍は、軽井沢—小諸《こもろ》と進み、途々《みちみち》、真田氏に帰順勧告をおこなっている。

昌幸—幸村父子は一応、従うふりをした。なにぶんにも、敵は三万八千の大軍であり、上田城には二千ほどの手勢しかいなかったからだ。

真田父子の戦略眼は、来たるべき東西決戦が、大会戦による一発勝負となる、と読んだことを基本として、組み立てられていた。大会戦の戦局を左右する最大の要因は、集結する総兵力の多寡にあった。

もし、秀忠率いる徳川の主力三万八千を信州に釘づけにすることができれば、主戦場での勝敗はその分だけ、兵数上、西軍が明らかに有利となろう。

## ゲリラ戦の展開

——この父子の着眼に、誤りはなかった。

事実、関ヶ原の合戦当日の兵力は、西軍が東軍を上廻り、歴戦の強者《つわもの》・徳川家康がなかなか勝機を見出せず、東軍は予想外の苦戦を強いられることになる。

もしも、西軍主力の小早川秀秋が、土壇場で東軍に寝返ることがなければ、東軍勝利の結末は逆転し、引き分けての延長戦・膠着状態になった可能性は高かったであろう。

昌幸—幸村父子は、態度を曖昧にして時間を稼ぎつつ、いらだって攻撃してくる秀忠の将兵を、城壁近くまで巧みに引きつけ、これを狙撃し、ときには城中から討って出て、奇襲戦を敢行。敵に損害を与え、また、潜ませた伏兵をもって、後方から包囲網を突き崩すなど、芸術的なまでの見事さで、陽動作戦、ゲリラ戦を自由自在に展開した。

結果、秀忠軍は翻弄されつづける。

あまりの惨敗ぶりに、秀忠軍では軍令違反が厳しく追及され、重臣・大久保忠隣《ただちか》の旗奉行である杉文勝《すぎふみかつ》が自害。同じく宿老の牧野康成《やすなり》は、配下の旗奉行・贄掃部《にえかもん》を切腹させる羽目になる（掃部は逃亡した）。

秀忠はやむなく、上田城攻略を断念し、抑えの兵力を残して上方へ急行したが、木曽川の増水もあり、ついに関ヶ原の合戦には間に合わなかった。

遅れること二日、秀忠は大いに面目を失った、と伝えられている（もっともこの時、わざと遅れた、との説もある＝これは関ヶ原の決戦をその前日、家康が決断したことによる）。

いずれにせよ、昌幸―幸村の両名は徳川家に勝利した。

だが、肝心の関ヶ原本戦では西軍の小早川秀秋が味方を裏切り、これに誘発されて東軍に寝返る者が続出し、大合戦は結局、西軍の敗北となった。

戦後、東軍で活躍した長子の信之が、自身の戦功と引きかえに、父と弟の助命を嘆願。これが許されて、昌幸―幸村父子は高野山へ追放、蟄居《ちっきょ》の身となる。

紀州（現・和歌山県）九度山《くどやま》に隠棲した昌幸は、今一度の夢をみながら、慶長十六年（一六一一）六月四日、六十五歳を一期に病没したが、その臨終にあたって、枕元の幸村に呟《つぶや》いた。

「かねてより、(徳川軍を破る)一つの秘計を考えていたが、これを実行に移さずして徒《むだ》死《じに》するのはまことに残念でならぬ」

幸村が後学のために、ぜひとも承りたいというが、昌幸は「とてもお前では無理であろう」といって、内容を語ろうとはしなかった。

己れの未熟を恥じて、幸村が嘆くと、昌幸はようやく口を開く。

「汝《なんじ》ガ愚ナリトテ、ワガ志《こころざし》ヲ言ハザルニアラズ」(『武将感状記』)

そうではない、軍才はおそらく、お前の方が私より上であろう、と昌幸は幸村に告げる。

だが、先の関ヶ原の活躍も含め、二度、徳川に勝利した功績を、世間は私のものと思い込み、お前は若くして九度山に蟄居したため、人々はその閲歴をすら知ることがない。

「名《な》顕《あら》ハレザレバ、良策ナリトモ用ヰ《い》ラレズ」(同右)

## 実績の必要性

昌幸はいう。

関ヶ原で天下を取った関東＝家康と、名目のみの主人となってしまった大坂＝豊臣秀頼（秀吉の子）は、改めて手切れとなり、合戦に及ぶであろう。

そうなれば大坂方は私を招き、徳川の大軍を二度破った実績から、総指揮官にも据え、その下知《げち》に従うであろう。

しかしながら、と昌幸はいった。お前ではそれが、叶うまい、と。

妙案は幾らでもあるものだ。要はそれを用いる人物への信用の高さが、その作戦の採否を決める、とも。

遺言にもひとしい、この昌幸の言葉は、さぞかし幸村の胸を衝《つ》いたに違いない。

それから三年後、天下は再び風雲急を告げ、幸村は九度山から脱出し、わが子・大助らとともに大坂城へ迎えられた。

大坂冬の陣を目前にした軍議の席上、幸村は関東勢の機先を制して、秀頼自らが旗を天王寺（現・大阪市天王寺区）にすすめる作戦を進言する。

兵を山崎に出動させ、別働隊をもって大和路を攻め、さらに伏見城を奪取して京都へ火を放ち、宇治・勢多《せた》に拠って西上する東軍をここで迎え撃つ、という内容であった。

この作戦は、後世から検証した場合、きわめて有効であったといえる。

秀頼に出陣されては、関東勢にくみした豊臣恩顧の諸大名たちの、士気も挫《くじ》かれ、足並みは乱れるであろうし、戦局が硬直化すれば、家康は陣を払って帰国を余儀なくされたかもしれない。そうなれば、家康の威信は大いに傷つき、大坂方へ寝返る大名も出てくる可能性は高かった。

ところが、秀頼の近臣たちは己れの未熟を棚に上げて、幸村の実績の無さをあげつらい、〝若い〟と一蹴すると、方針を籠城戦に決議してしまう。

このおり皮肉なことに、徳川方では幸村の実力の程を察知していたふしがある。幸村の叔父・真田信尹《のぶただ》を使者に立て、最初は三万石、二度目には一国を条件に、徳川方への翻意を誘ったとも。徳川方へ靡《なび》けば、幸村も中程度の大名として生涯を全うしたであろう。

一旦の約の重きことを存じて較《か》ふれば、信濃一国は申すに及ばず、日本国を半分賜《たま》はるとも飄《ひるがへ》し難し」(『名将言行録』)

幸村は現世の利益よりも、己れの理想に殉ずる道を選択した。換言すれば、残されたわずかな時間を、自分の実績を積むことに費やしたい、と考えたといえなくもない。

籠城戦と決まるや、幸村は難攻不落と謳われた巨城・大坂城の、唯一の弱点である南方に、出丸＝〝真田丸〟を築き、ついに関東勢を城に寄せつけることはなかった。

## 容れられなかった献策

やがて、大坂方の上層部は家康との和睦の道を選択する。

家康の目的が、豊臣討滅以外のなにものでもない、と断じていた幸村は、和睦の誓書交換時に、家康の虚を衝《つ》き、夜襲を仕掛ける献策をするが、またしても秀頼やその近臣たちの容《い》れるところとはならなかった。

そして間もなく、夏の陣が勃発した。この時点で、すでに大坂城の内外の堀は、家康の謀略で埋めつくされており、城は裸も同然となっている。

幸村は敵の総大将・徳川家康の生命《いのち》のみを狙って、決死の覚悟で軍勢を進めた。

彼処《かしこ》に顕《あらわ》れ、此処《ここ》に隠れ、火を散じて戦いけり。聚合離散《しゅうごうりさん》の形勢、須臾《しゅゆ》（暫時）に変化して、前にあるかとみれば、忽焉《こつえん》（にわかに）、後にあり。（『難波戦記《なにはせんき》』）

ついに幸村は、武田信玄に攻められた三方ヶ原《みかたがはら》の戦い以来、一度として崩れることのなかった三河武士＝徳川の本陣、家康本隊の旗を倒した。

また、逃げまどう家康を再三追いつめ、あとわずかというところで、ついに力尽き、この世を去っている。享年、四十九。

その奮戦ぶりは、己れの献策を〝若さ〟ゆえに採用せず、間もなく滅亡しようとする豊臣方の人々への、面当てであったといえなくもない。

もしも幸村が、徳川方の誘いを受けていれば、と思わぬでもない。

その人生は死をもって考えれば、確かに失敗であった。だが、後世に豊臣家に殉じた悲劇の名将として、己れの名を残さんがための演出であった、とすれば、一概に失敗とは決めつけられまい。

なにしろ幸村は、死してのち、歴世の智将として、日本人の心に刻まれつづけているのだから。

攻める事業も継続は簡単でない

# 曹操～三国志・赤壁の戦い～

## 孫権の決断

中国の建安十三年（二〇八）六月、魏《ぎ》の「丞相《じょうしょう》（宰相）」となった曹操は、翌七月、天下統一を策して、いよいよ南下を開始した。

この頃、中国全土に蟠踞《ばんきょ》していた豪族たちは、離合集散の末、大半がすでに消滅していた。曹操の許《もと》へ吸収されるか、さもなければ江南の呉《ご》・孫権を頼るか、あるいは荊州《けいしゅう》、益《えき》州《しゅう》といった僻地《へきち》に、独立勢力を保持する者の許へ誼《よしみ》を通じるほか、道はなかった。

三国志一方の英雄・劉備はこの時、関羽・張飛らと共に、荊州の牧《ぼく》（長官）・劉表《りゅうひょう》のところに身を寄せていた。

そこへ、曹操の魏軍が殺到して来るという。

曹操の目標はまず、荊州であった。この地を得れば長江沿いに東へ進み、孫権を討つことが可能となる。つまり、天下統一が成るわけだ。

ほどなく曹操の南下が荊州全域へ伝えられたが、劉表はその報を受けた翌日、この世を去ってしまう。あとを継承した次男の劉琮《りゅうそう》は、多勢に無勢と曹操の軍門に降った。

漢水（漢江）北岸の樊城《はんじょう》に拠っていた劉備は、なすすべもなく、荊州の戦略物資の集積地・江陵《こうりょう》を目指して南下した。が、十万余の臣民にまとわりつかれ、行軍がはかどらず、ついには長駆《ちょうく》追撃してきた魏軍につかまってしまう。

生命《いのち》からがらに逃れた劉備は、途中、劉表の長男・劉琦《りゅうき》の軍勢一万余と合流した。

もし、この劉琦軍一万余がなければ、劉備と孫権の連合軍構想はそもそも成り立たなかったにちがいない。ここで立ち上がったのが、劉備の軍師・諸葛孔明であった。

このとき孫権は、鄱陽湖《はようこ》の入口にある柴桑《さいそう》（現・江西省九江市西南）に出陣していた。

戦うか、曹操に臣下の礼をとるか——苦悩する彼の前に、孔明があらわれる。

孔明は二十八歳、孫権は一つ下の二十七歳であった。

小説『三国志演義』では、ここで悩む孫権が「劉備どのはどうするのか」と孔明に問う。するとう孔明は、

「戦国のときの田横《でんおう》は、斉《せい》の一介の壮士にすぎませんでした。ですが、義を守って国の滅亡に殉じました。わが劉備は漢皇室の末裔であらせられるうえ、その英名は天下に聞こえており、心ある人々から仰ぎ慕われております。その劉備にして曹操の野望を阻止しえないときは、それは天命というもの。潔く世を棄てられるお覚悟ではあれ、曹操の風下に立つ道理がございましょうか」

そういって孫権を挑発し、抗戦の決断を下させる、という運びとなっている。

が、これは史実と異なる。それ以前に孫権は、呉軍の最高司令官に周瑜《しゅうゆ》を選び、劉備との外交の重責を魯粛《ろしゅく》に託していた。孫権は双方の戦力分析を終え、疲労に加えて、土地不慣れな曹操軍が、兵数ほどには役に立たないことをすでに摑《つか》んでいたのである。

加えて、劉備が合流した劉琦の一万余の軍勢と連合することによって、決断をより確かなものにしようとしていたにすぎない。

「断に当たって断ぜざれば、反《かえ》って其《そ》の乱を受く」(『史記』)

決断すべきときに決断をしなければ、かえって混乱を引き起こす――場合によっては、

すべてを失うということを、孫権は知っていたといえる。

## 赤壁の真相

十一月、曹操の水軍がついに、大挙して出撃した。

『三国志演義』によれば、赤壁の戦いに際して、呉の老将・黄蓋《こうがい》が〝苦肉の計〟を採用したとされるが、史実のほどはともかく、この手の策は古来、多くの成功例を持つ。

逆にいえば、謀略こそが戦いの本質だということになる。

周瑜の率いる水軍が、赤壁の地で曹操の大軍を迎え撃ったときのこと――対岸に浮かぶ曹操の大艦隊、巨艦の群れをみて、黄蓋が周瑜に進言した。

「敵は大軍を擁していますが、味方の兵力はそれに比べてあまりにも僅かです。このままでは、長くもたないでしょう。

しかしながら、対岸に停泊している敵の艦隊は、揺れるのを気遣って、舳先《へさき》と艫《とも》を繫《つな》いでおります。あれでは、すぐに動くことはできますまい。この機を逃さず、敵艦隊に焼き打ちをかければ撃退できるはずです」

周瑜の許可を得た黄蓋は、さっそく数十隻の船を調達すると、焼き打ちの準備にかかった。同時に、ひそかに周瑜と謀って、焼き打ちを成功させるための策を二つ用意する。

一つは曹操に密使を送り、黄蓋が降伏を申し入れる。しかし、それだけでは名うての曹操を、信頼させることができない。そこで採用されたのが、〝苦肉の計〟であった。

黄蓋は、軍議の席で降伏論を述べて譲らず、周瑜の怒りを買って、諸将の面前で百叩《たた》きの刑に処された。肉は裂け、骨は鳴り、さしもの黄蓋も陣屋に運び込まれたときには気を失っている。その有様は、呉軍の陣営にもぐり込んでいた魏軍のスパイによって、逐一、曹操のもとに知らされた。はじめは黄蓋の降伏申し入れに半信半疑であった曹操も、この処罰でようやく黄蓋の裏切りを信用する気になる。

その結果、曹操は黄蓋の船団が接近したとき、降伏しにきたものと信じて警戒を怠り、容易に「焼き打ちの計」を許してしまったのである（蛇足ながら、三国志の時代に「爆弾」はない）。

これが有名な、「赤壁の戦い」のクライマックスとなった。

しかし、正史『三国志』の「武帝記」には、「公（曹操）は劉備との戦いに不利であった。疫病が大流行し、多くの死者を出したため、公は兵をひいて帰還した」とあった。

同様の疫病については、劉備の「先主伝」にも、赤壁の戦いで勝利した劉備と呉軍は、水陸から追撃戦を敢行したことに言及し、「また当時、疫病が流行し、死者が続出したので、曹操の軍勢は撤退せざるを得なかった」と記している。

さらに、孫権の「呉王伝」には、「（魏の）兵士たちは飢えと疫病で大半が死んだ」と同一の述懐が散見された。

では、これらに記述されている疫病とは、どのようなものであったのか。これには、風土病との見解が圧倒的であった。

『三国志』の「周瑜伝」には、

「孫権は周瑜、程普《ていふ》らを派遣し、劉備と力を合わせて曹操を追撃させ、赤壁で魏軍と遭遇した。このとき曹操の軍勢は、すでに疫病が発生しており、そのため曹操は、一度応戦しただけで軍を江北へ退却させせた」

とある。

史実から推し量れば、曹操は勢いに乗って南下し、一気に呉軍と雌雄を決しようとしていた。が、疫病が流行《はや》り、魏軍の将兵は急速に体力を衰弱させたようだ。

そこをダメ押しするかのように、周瑜の奇策（炎上した船を魏軍の船団に突撃させる）＝火攻めが敢行されて、魏軍が崩壊した、と見る方が的を射ているのではあるまいか。

戦争のうえでの退却であれば、あるいは曹操の立ち直り、再戦は早かったかもしれない。しかし、相手が悪い。風土病とあっては、さしもの曹操も、すぐさま利く妙案、打つ手を持たなかったのであろう。

ただ曹操が偉かったのは、第二次赤壁の戦いを決断しなかったことである。

感情にかられて、面子《メンツ》に拘《こだわ》って再戦すれば、手ぐすね引いて待ち構える呉軍と劉備たちに、思わぬ不覚をとり、あるいは曹操はすべてを失ってしまったかもしれない。退却と戦後の情報収集・分析――さすがに、大国の魏は優れていた、といえそうだ。

曹操は、天下統一できずとも、事実上、中国全人口約四千九百万の五十五パーセントを支配する王となった。

そのおかげで、その後の歴代中国王朝は、ローマ帝国が分裂したヨーロッパとは異なり、小さく小さく国が分裂することもなく、大陸国家の形を維持することができたのである。

江戸城の名を知らしめた太田道灌

第二章

# 部下や身内の心を読めなかった天才

優秀ゆえの近視眼

# 下剋上に踏み切れなかった太田道灌

## 利発すぎる子

室町時代の中頃、関東の地は古河公方《こがくぼう》(鎌倉公方の亡命政府)と堀越公方《ほりごえ》(古河公方に代り幕府が派遣した足利政知《まさとも》)、それに関東管領《かんれい》・上杉氏の三者が、三つ巴《どもえ》の戦いを繰り広げていた。

なかでも鎌倉公方(関東管領の通称)の執事にすぎなかった上杉氏は、自ら「管領」を僭称《せんしょう》するまでに勢力を拡大。さらにはこの上杉氏は、勢い込んだあげく四つに分裂する。

事実上、最強の山内《やまのうち》上杉氏に、扇谷《おうぎがやつ》上杉氏がつづく形となった(残る詫間《たくま》は山内に追随し、犬懸《いぬがけ》はほどなく滅亡する)。

ところが二番手の扇谷にあって、家宰《かさい》をつとめた太田道灌《どうかん》の才覚がずばぬけていたことから、上杉氏ひいては関東の勢力図が大きく塗り替えられることとなる。

永享四年(一四三二)、相模国(現・神奈川県の大半)に太田資清《すけきよ》の長子として生まれた道灌は、幼名を鶴千代、元服して持資《もちすけ》、資長《すけなが》と称した。「道灌」は四十七歳(異説あり)で、入道してからの号である。彼は生来、利発すぎる子供であったようだ。

あるとき、あまりに才気走る鶴千代時代の道灌を、父・資清が訓戒したことがある。

「よいか、昔から智ある者は偽りが多いという。偽りの多い者は、とかく禍《わざわい》をこうむるものじゃ。人は真っ直ぐであるのがよい。たとえば、障子のようなものだ。真っ直ぐゆえに立つ、曲がれば立たぬ」

それを聞いた鶴千代は、部屋を出ると屏風を引きずって来たという。

「父上、なれどこれをご覧ください。屏風は真っ直ぐでは立ちませぬが、曲げればほれ、このように見事に立ちまする」

資清は満面を朱にして激怒したものの、返答に窮してしまう。

——同様の話は、いくらでもあった。「驕者不久《おごるものはひさしからず》」と大書した軸を、床の間に掛けた父・

資清が、鶴千代を呼んでその意味を問うた。すると鶴千代は、返答の代わりに、

「父上、その書に二字を、書き加えさせてくだされ」

と言い、資清が何事か、と許可すると、鶴千代は「不」と「又」を書き入れた。

「不驕者又不久」――驕らざる者も、また久しからず。

激した資清が扇子で打とうとすると、鶴千代は素早く逃げてしまったという。

無論、それだけでは後年の「太田道灌」は誕生しない。ここで見落とされがちなのが、その学識の高さであった。

道灌は九歳から十一歳まで、〝鎌倉五山〟の寺院で学問を修めていた。

道真（資清）の一男鶴千代丸とて、世に隠れなき童形あり。九歳の比《ころ》より学聰《がくそう》に入り、十一歳の秋迄終《あきまでつい》に不レ帰二父家一《ふかにかえらず》。学雪の功績で、五山無集（双）の学者たり。（『永享記《えいきょうき》』）

一説に建長寺ともいわれるが、いずこであれ少年道灌が、室町時代の中葉、〝京都五山〟に並ぶ、東の漢学の聖地《メッカ》＝〝鎌倉五山〟にあって学識を積んでいたことは、特筆に価する。当時の両五山は、今でいう総合大学といってよかった。

学問を積んだ道灌は、康正《こうしょう》元年（一四五五）に二十四歳で家督を継ぐ。

## 当方滅亡

その頃、太田氏はまだ、武州の荏原《えばら》郡品川（現・東京都品川区）にいた。居館は御殿山辺りで、江戸に移ったのは翌康正二年のこと——江戸城は一ヵ年で、ほぼ完成をみている。この城は、それまでの山城（山塞《さんさい》規模）の発想から大きく転換して、平地の自然の地形に人工の堀をうがち、土居《どい》（土塁）を築いて、複雑な曲輪《くるわ》を組み入れ、防衛力を飛躍的に向上させた、斬新なこれまでにない城であった。

もっとも、この城は道灌の創始ではない。三百年も以前から豪族・江戸氏が居城としていたとされるもので、これを道灌が利用、独自に改築したものであった。

やがて彼の名は、その工夫した江戸城とともに、京の都にまで知れ渡る。

三十四歳で上洛した道灌は、ときの八代将軍・足利義政に、武蔵野の後進性を質《ただ》されたおり、即興で歌を詠んでこれに応じた。

わが庵《いお》は松原つづき海近く
富士の高嶺《たかね》を軒端《のきば》にぞ見る

もとより、歴代室町将軍の中で、最も文化に造詣の深かったとされる将軍義政は、歌心にあふれていた。のちの織田信長が、芸術の手本としたほどの人物でもある。

道灌の和歌に義政は、武蔵野の贅沢《ぜいたく》な景色を想《おも》い、なるほど、と大きく頷《うなず》いたという。

文武に優れた道灌の活躍で、古河公方の足利成氏《しげうじ》は、風前の灯火《ともしび》にまで追い詰められる。ところが山内・扇谷の両上杉氏の当主が揃《そろ》って病没。そこに京都を中心とした、十一年に及ぶ応仁の乱が勃発した。

さらに、扇谷上杉氏を継いだ政真《まさざね》が戦死。山内上杉氏の家宰・長尾景信も病没し、関東管領の首脳部は事実上、総入れ替えとなってしまった。

残留者は、道灌ただ一人となったわけだ。

こうした状況の中、景信の子・景春が、叔父・忠景に家宰の地位を奪われた、と叛逆《はんぎゃく》に出る。そのため管領方は、足並みに乱れが生じた。

道灌はこの混乱を食い止めるべく、懸命に活躍する。

ところが、その手際があまりにも良すぎた。人間はこぞって、生来、愚かな嫉妬という劣性を捨てきれないものらしい。

道灌の示した力量と実績を、敵のみならず味方が恐れ、これを除こうと企てた。本来であれば道灌は、ここで〝下剋上〟に徹すべきであったろう。そうすれば北条早雲《そううん》が名を成すよりも早く、道灌は関八州を制圧できたにちがいない。

彼にはそれだけの力量、声望と実績、実力があったのだから。

にもかかわらず道灌には、最後の思いきり、腹をくくった決断がなかった。足許《あしもと》の曖昧さ、とでもいうのであろうか、これはやはり育った環境と理解すべきかもしれない。

人間は生まれ育った環境――とりわけ、身についた精神性、生活習慣――からは、なかなか抜け出すことが難しい。

元来、関東の覇王たるべき力量の持ち主でありながら、身分的には極めて中途半端な位置にあり、それを当人はよく知っていながら、実力で決着をつけるという、決断を遅らせてしまった。叛旗《はんき》を翻す――それができなければ身の安全を考えて、一刻も早く隠士（世捨て人）の生活を選ぶべきであった。

「――道灌謀叛」

希望的観測も含め、噂がしきりと関東全域に流れる中、両上杉氏が追い詰められるように結託した。

文明十八年（一四八六）七月二十六日、道灌は招かれた糟屋《かすや》（現・神奈川県伊勢原市上粕屋）の、扇谷上杉氏の別館の湯殿《ゆどの》において、あえなく暗殺されてしまう。享年、五十五。

「当方滅亡」（『寛永資武状《かんえいすけたけじょう》』）

肺腑《はいふ》をえぐるがごとき道灌の、最期の言葉はみごとに的中した。

彼を失った扇谷上杉氏は、瞬時に運動機能を停止し、山内上杉氏との間では団結はおろか不和が表面化する。

両家の対立抗争は間断なくつづき、ついには両家ともに衰亡の一途をたどることになった。

それにしても、道灌の人物を思うと残念でならない。

切れすぎるリーダーの悲劇

# 閃きが理解されなかった

## 上杉謙信

### 戦国一の戦承術家

父であり、事実上の越後（現・新潟県）の支配者でもある越後守護代の長尾為景《ためかげ》――その嗣子・晴景《はるかげ》へと伝承された権力は、晴景の末弟・景虎＝のちの上杉謙信に伝えられた。天文十七年（一五四八）、謙信がいまだ十九歳のときのことである。

その二年後、名目上の支配者であった越後守護・上杉定実《さだざね》が没し、守護上杉家は断絶。さらに天文二十三年には、晴景もこの世を去っている（同二十二年とも）。

越後の兵権は、ひとり謙信のものとなった。が、七歳から曹洞宗の禅院・林泉寺《りんせんじ》に入り、名僧・天室光育《てんしつこういく》の膝下《しっか》にあって、参禅の行を修めることに専念していた彼には、離反常なき国人たちをまとめるだけの〝世間智〟、俗世の人々の心を捉える技術がなかった。

無理もない。林泉寺ではそのようなことは教えてくれず、ひたすら〝真理〟を悟ることにのみ、歳月を費やしていたのだから。

そのためであろう、常に正論を主張する謙信に、家臣たちは内心、閉口していた様子がうかがえる。

ときに一族の反乱にもあい、弘治二年（一五五六）三月には、そうした己れの境遇が、よくよく嫌になったようだ。謙信はすべてを捨てて一人、仏門に帰る、といい出し、本当に出奔してしまった。このようなことをした戦国武将は、他に例をみない。

謙信がいなくなって長尾政景ら重臣、一族の者たちは、懸命に跡を追い、見つけ出して掻口説《かきくど》き、謙信を連れ戻して、なんとか事なきを得たものの、以後、越後の平定は謙信が亡くなるまで、完全な形に治まることはなかった。謙信本人にすれば、およそ心身の休まらない日々が生涯、つづいたともいえる。

それでいてこの武将が歴史に必要とされたのは、一《いっ》にその神がかった天稟《てんりん》の武才にあった。とにかく、戦略・戦術の才知が閃《ひらめ》くのである。

たとえば永禄二年（一五五九）四月、謙信が二度目に上洛し、室町幕府十三代将軍・足利義輝《よしてる》に拝謁したときのことである。

「もし、日本の総国主であり、征夷大将軍である将軍がご命令下されば、三好、松永の奸徒を、たちどころに誅殺《ちゅうさつ》しておみせいたしますが、いかがいたしましょうか」

と、謙信はこともなげに言上している。

有名無実ながら、幕府の要職である関東管領職に決まって、正式に「上杉」姓となっていた謙信は、性格的な正義感からも心底そう思っていった。

だが、客観的には彼の進言は、不可能なものといえた。なにしろ謙信は、国許《くにもと》では武田信玄、北条氏康、今川義元という、戦国屈指の強敵に囲まれている。

それに加えて、畿内《きない》の三好・松永の連合勢力をも敵にまわそうというのは、謙信のうぬぼれ、思い上がりだ、と受け取った読者もいるにちがいない。

しかし、筆者は謙信の天才的な軍事能力をもってすれば、おそらく可能であったろう、と考える。

三好や松永といった、先進国ゆえに存在しえた小振りな勢力など、謙信がその気になれば、蚊をたたくほどの苦労もなく、京の都から駆逐できたに相違ない。

現に謙信の在京中、京、堺、大和を抑えていた松永久秀などは連日、在京中の謙信のもとへ、ご機嫌伺いに出仕している。

謙信の毅然とした態度に感激した関白・近衛前嗣《このえさきつぐ》（のち前久《さきひさ》）は、謙信を追って越後へ下向したほどである（現職の関白が他国に入ったのは、日本史上はじめてのこと）。

それにしても、「上杉謙信とは、さほどに強かったのであろうか」と、多くの読者諸氏の中には、疑問に思われている方があるかもしれない。筆者の見解は、

「戦国最強の戦術家は、おそらく上杉謙信であった」

というものである。

このことを如実に証明したのが、謙信の小田原城進攻作戦であった。

## 小田原攻め

関東管領職を上杉憲政《のりまさ》より譲られた謙信は、彼のもとに保護を求めてきた関白前嗣を「関東公方《くぼう》」に据える、との大義名分を掲げて、すかさず関八州の豪族・国人たちに、北条氏《うじ》康《やす》討伐の「義兵」に加わるように、と檄《げき》（廻文）を飛ばした。

——永禄四年（一五六一）三月のことである。

強国北条氏に対して、単独で戦える国人・土豪はいなかったが、

「越後の上杉謙信が来る」

となると、味方に馳せ参じるものは、安房国の里見義堯《さとみよしたか》—義弘《よしひろ》父子、常陸国の佐竹義昭以下、決して少なくはなかった。

国許を出陣した越後軍一万余は、またたく間に沼田城をとり、厩橋城《まやばし》を抜き、相模国にむかって破竹の快進撃をつづけた。まさに、電光石火の早業であった。

こうなると、北条方についていた太田資正《おおたすけまさ》（道灌《どうかん》の曾孫）や成田長泰《なりたながやす》といった名のある武将も、招かずして謙信のもとに馳せ参じてくる。

北条氏康はさすがに、謙信の凄さを知っていた。越後軍の先鋒が国境《くにざかい》をこえると、従来の防衛線である隅田川、多摩川を放棄し、松山城、古河城《こが》も捨て、傀儡《かいらい》政権の公方・足利義氏を奉じて本拠地である難攻不落の小田原城に立籠《たてこも》った（のちの大坂城のモデル）。

この間、わずかに二ヵ月。

ところが、意気あがる越後軍のもとに、武田信玄が武田・今川・北条の三国同盟の約定により、信濃国（現・長野県）の佐久《さく》（現・長野県佐久市）にむかって、碓氷峠《うすい》を越えよ

うとしている、との知らせがもたらされる。

武田勢が奥信濃に進めば、本国の越後が危ない。碓氷峠を越えられれば、進軍中の越後軍は背後をつかれる恐れもあった。

事ここにいたって、越後軍の中には激しい動揺が起きる。

当然であった。にもかかわらず、謙信だけは平然としている。明晰怜悧《めいせきれいり》な彼の頭脳は、瞬時に信玄の手のうちを読んでいたからだ。

戦《いくさ》はつねに、尋常一様ではない。だからこそ敵の裏をかかねばならないのだが、謙信は信玄が決して、いずれのコースもとらないことを確信していた。

「信玄はできることなら、北条軍とわが軍を共倒れにしたい、と望んでいるはずだ。やつは、そういう男だ――」

従って、他国の戦いに巻き添えを喰ったりはせず、動く形《ポーズ》をとるだけで、〝漁夫の利〟をねらうに決まっている。

だからこそ、今すぐに長駆して、防衛の固まっていない小田原城を一気に攻め落とし、北条氏を滅ぼす。その返す剣で、信玄を討ちとれば事足りる。

謙信は、軍議の席でそう主張した。

## 説得する術を持たず

彼にとっては、至極あたり前の道理であったろう。

しかし、集結した諸将は謙信の発言が、単なる推論に思えてならない。もしかして……万一……、を思うと、とてもこれ以上の進撃などはできない相談であった。

関東は越後兵にとって、馴染みの薄い地域であり、人心の向背も定かではない。

いつもなら軍議の席上、謙信が出した結論は、たとえどのようなものであっても、上杉家の各部将たちは黙って、それに従うことになっていた。が、今度ばかりは味方も、純粋な越後軍だけではなく、関東各地から馳せ参じた諸将も多い。

そのため、軍議もひとり、謙信が電撃命令を下すというわけにはいかなかった。

彼は諸将を宥《なだ》め、説得する術《すべ》を持たず、結局、小田原進攻は中止となり、越後軍は主力を厩橋城にとどめることになる。

後日になって、この日の上杉方の軍議を知った信玄は、

「さすがは謙信、もしあのとき、一気に小田原城を攻めていたら、防御の十分でなかった城は陥落し、さしもの北条氏康も滅ぼされていたであろう。そうなれば、甲斐国も危なか

った」

と、深々とため息をついた、と伝えられている。

北条氏を滅亡させたら、おそらく謙信は、大義名分で集めた関東一円の兵力を使って、織田信長に桶狭間で討たれた義元なきあとの今川氏をも攻め滅ぼし、本国越後に相模、駿河の二国を加え、三方向から甲信両国を挟撃壊滅させたにちがいない。

そのうえで謙信は信長をも屠《ほふ》って、楽々と天下を取り、室町幕府を再建して、今日伝えられる時代とはまったく異なった、日本の近世を出現させたのではないか、とも思われる。

謙信の不幸は、あまりに自身が他よりも透徹でありすぎたことに尽きた。

彼には掌《たなごころ》をさすように見える〝真理〟が、家臣たちには見えない。

十歩も二十歩も先のわかる謙信であるのに、家臣たちにはせいぜい数歩先のことですら予測し得ないのである。

加えて、謙信の悲劇は、徹底した説明責任を果たせなかったこと、否、果たす気がなかったことにある、というべきか。

わかりやすい言葉で、具体的に説明をすれば、人々はつき従ったかもしれないが、この天才は閃《ひらめ》き重視であり、それを一つ一つわからせる、という説得技術を持ち合わせていなかった。その種の根気も、なかったろう。

それにしても、この小田原への電撃進攻、実は激闘をきわめた第四次川中島の合戦――武田信玄の実弟・信繁や伝説の軍師・山本勘助が戦死したとされる一大決戦――の、わずか半年前の出来事にすぎなかった。

謙信の縦横無尽な、神出鬼没《しんしゅつきぼつ》のほどが、うかがえよう。彼こそまさに〝毘沙門天《びしゃもんてん》の再来〟といわれるにふさわしい武将であった。

## 一期栄華一盃酒

その後、好敵手の武田信玄の死を見送った謙信は、これまで平身低頭の体で同盟を持ちかけてきた織田信長と、雌雄を決する立場にたたされる。

いまや、信長の天下統一を実力で阻止できるのは、天下広しといえども、謙信をおいて他にはいなくなっていた。

天正五年（一五七七）九月、最初にして最後の越後勢対織田軍の戦いは、あっけなく信長方の大敗で幕が下りた。

上杉に逢《お》うては織田も名取川《なとりがわ》（手取川《てどり》）
はねる謙信逃《にぐ》るとぶ長（信長）

『日本外史』によれば、この年の九月十三日夜、謙信は開城した能登国七尾城（現・石川県七尾市）の名月をめでて、酒宴を催して詩を賦《ふ》したという。

霜は軍営に満ちて秋気《しゅうき》清し
数行の過雁《かがん》月三更《さんこう》（五更の第三番め）
越山併せ得たり能州《のうしゅう》（能登）の景
遮莫《さもあらばあれ》家郷の遠征を懐《おも》うは

もっとも、この漢詩は江戸時代後期の儒者・頼山陽《らいさんよう》が、字句を修正したものであり、厳密には九月十三日の夜は、七尾開城の二日前にあたり、謙信が本丸に登った二十六日には、月はもう欠けてしまっていた。

おそらくは、後世の人が謙信の心境に仮託したものであったはずだ。

天正六年三月十五日、謙信は関東進攻の出陣を予定していた。本国の越後に加え、能登・越中・加賀を取り、越前の過半もその手中にあった。好敵手の北条氏康もすでにこの世になく、彼の行く手をはばむ者はいなかったろう。

だが、その出陣の二日前、三月十三日未《ひつじ》の刻（午後二時頃）、謙信は脳出血で逝去。享年は四十九であった。

抑圧《ストレス》の中での大酒癖が、死期を早めたともいう。

四十九年一睡夢《いっすいのゆめ》　一期栄華《いちごのえいが》一盃酒《いっぱいのさけ》

かねて用意されていた辞世の句を残し、一代の天才戦術家はこの世を去った。

もし、謙信に部下を説得する技術と根気があれば、天下を取れたかもしれないものを、と筆者は残念でならない。

身内の敵に気付かなかったミス

# 浅井長政は中立と読んだ織田信長

## 絶好調の落とし穴

人間は誰しも、順調にものごとが運ぶと、つい、有頂天になってしまうものだ。どれほど慎重な人でも、かならず心に隙が生じ、慢心《まんしん》して失敗にいたる可能性が芽生える。

永禄十一年（一五六八）九月七日、十五代将軍候補の足利義昭を奉じて、上洛の途についた織田信長が、まさにこの好例であった。

途中、南近江の六角承禎《ろっかくじょうてい》（諱《いみな》は義賢《よしかた》）と戦うまでは、多少の緊張もあったようだが、総勢四万とも六万ともいわれる織田連合軍が、疾風怒濤《しっぷうどとう》の進撃をして、まるで大洪水がすべてを押し流すように、承禎に圧勝すると、もはや信長には向かうところ敵がなかった。

一方、義昭は正式に征夷大将軍＝十五代将軍となり、信長のことを、

「御父織田弾正忠《だんじょうのじょう》殿」

と呼んだ。

信長は諸々の関所を撤廃し、近江における検地、撰銭令《えりぜにれい》、神社仏閣に矢銭《やせん》（軍事費）を請求し、自由都市・堺から二万貫（現在の貨幣価値で約八億八千万円）、大坂本願寺からも五千貫（約二億二千万円）を軍費としてまきあげた。

ここまでくると、信長でなくとも慢心してしまうにちがいない。堺・大津・草津に代官を置くことも、将軍義昭に認めさせ、彼の〝天下布武〟はもう事実上、成ったような錯覚を信長が抱いたとしても、彼だけを責めることはできまい。

信長は己れの政権構想を受け入れる意思のない、有力戦国大名の中で、越前の国主・朝倉義景を次の標的に定めた。再三の上洛催促にも応じず、国許《くにもと》を動こうとはしなかった義景を、信長は将軍家への非礼として、武力侵攻の大義名分とする。

朝倉家には以前、織田家の家臣となっている明智光秀が、客将として仕えていたことがあり、内情は手にとる如くであった。当主の義景は、絵に描いたような凡将と知れていた。

前年の永禄十年に、北近江の浅井《あざい》長政と同盟を結んだ信長は、自らの妹（一説に従姉妹とも）のお市を嫁がせていた。そのおり信長は、

「万一、朝倉氏と事を構えるときは、事前に通報してほしい」

できるだけ、義景とは敵対してくれるな、と長政からクギをさされていた。

浅井家と朝倉家の、同盟の歴史は長い。これは当然の申し入れであったが、信長にすれば朝倉征伐は、足利将軍家の命令であり、私闘ではなく、浅井家への報告の必要はない、との判断＝こじつけがあった。

信長は越前国への奇襲、攻略に着手する。すでに、途中の北近江には、同盟者の長政を得ていた。彼に味方として一緒に攻め込んでもらう必要はない。好意的中立をとってくれれば、それだけでいい、というのが信長の心底であった。

越前の内情に詳しく、攻めやすい敵であるうえに、当時の海運は日本海ルートが主流であり、義景はその要衝・敦賀港をおさえていた。財政事情のうま味は大きなものがあった。比叡山延暦寺の僧兵による、金貸しの金主《きんしゅ》も朝倉家だ、ともっぱら噂されてもいる。

また、少しづつ溝のできはじめた将軍義昭の、不穏な動向のなかで、朝倉家との交信の往来が多いのも、信長には気がかりとなっていた。

義昭は信長を頼る以前、義景の庇護の下にあったのだから、他の戦国大名以上に、朝倉家を恃《たの》む気持ちは至極当然のものといえた。が、将来の〝天下布武〟実現に、禍根を残す芽は、早々に摘みとらねばならない。

永禄十三年四月（同月二十三日、元亀元年と改元）、信長は織田軍団のほかに三河の徳川家康、飛騨の姉小路頼綱《あねがこうじよりつな》（妻は斎藤道三の娘）、伊勢の北畠信雄《のぶかつ》（信長の次男）、河内の三好義継（〝三好三人衆〟に後見された三好の宗家、将軍義昭の妹婿でこの頃、信長に帰順）、大和の松永久秀《ひさひで》（もと三好家家宰）らの軍勢を、京都へ参集させた。総勢三万余――。

諸軍が揃ったところで、信長はおもむろに京の都を進発。琵琶湖の西方から湖北へいそぎ、越前の敦賀へ侵入すると、朝倉方の手筒山《てづつやま》城を攻撃。難なくこれを抜くと、さらに金ヶ崎城（現・福井県敦賀市）に殺到した。

文字どおり、破竹の快進撃であったといえる。

敦賀は越前朝倉家の、西部および若狭の拠点である。この戦《いくさ》――常識的にみれば、信長の連合軍は敵の真っただ中に飛びこんだに等しく、無謀というほかはなかったろう。

なにしろこの平野は、三方を山襞《やまひだ》に囲まれ、一方は日本海に落ちている。前方から敵を迎えるだけでも、本来は戦うに難しい地形であった。

信長はそれを承知で、攻め込んだ。なぜか。越前の国情を読みきっていたことがあげられる。越前は大国ゆえの安心感からか、北陸の地の利に安住してか、この世情騒乱の中で眠りこけていた。敦賀の平野に突如、数万の織田連合軍があらわれて、彼らははじめて事態の重大さに色めき立った。否、異様なまでに狼狽《ろうばい》した。

このまま行けば、都城の一乗谷《いちじょうだに》は旬日を経ずして陥落する運命であったろう。

## 信長の失敗

いましも金ヶ崎城には、織田方の千挺をこえる鉄砲が向けられ、狭い柵や大手門などは無数の鉛弾を浴びて蜂の巣のようになり、城はたった一日で落ちた。

城将・朝倉景恒《かげつね》が降伏を申し入れたからで、信長は景恒が義景同様、朝倉一族の凡将であり、感情の起伏が激しい人柄であることをも調べつくしていたようだ。

――前線は、かくのごとくであった。

それでも国主義景は、重い腰を上げようとしない。自身の出馬を億劫《おっくう》がったと伝えられているが、周囲にせきたてられようやく出陣はしたものの、途中であれこれと勝手な理由をつけて、結局は一乗谷へひき返してしまった。

一挙に全軍の士気が下がる朝倉軍に反して、ますます意気盛んな織田連合軍は、間髪をいれず、木ノ芽峠から十六里を邁進《まいしん》し、一乗谷を屠《ほふ》る計画を立て、諸隊の部署わりをおえる。先鋒には、わずか数年の間に織田軍のなかで木下藤吉郎（のち豊臣秀吉）と並ぶ出世頭となった明智光秀が、同盟軍の徳川家康と駒を並べることになった。

二十八日の、織田連合軍の将士はそれぞれが功名を夢みて眠りについたろうが、同じころ、藪から棒の大変事が織田連合軍を見舞う。

これまで織田家と密接な同盟関係にあった北近江の浅井長政が、にわかに窮地に立った朝倉家に呼応し、織田連合軍の退路を断つ挙に出たのであった。

「浅井長政が離反？　まさか……」

信長は信じられない面持ちで、しばし呆然と立ちつくしたと伝えられている。

長政の篤実な性格を読みとっている、と信長は自負してきた。加えて長政は、信長の〝天下布武〟に理解を示していたはずだ。だからこそ、将来の政権構想――自らの左右に、家康と長政を置く――に配するべく、妹のお市を嫁がせたともいえる。

こちらは長政の人物を高く買っていた。それが突如、寝返るとは――。

信長は長政の父・久政が頑迷で、それに長政が足をひっぱられ、家臣の多くが久政に同調し、二進《にっち》も三進《さっち》もいかなくなったのだろう、と想像した。

が、現実は完全な「死地」であった。朝倉と浅井に前後から挟撃されれば、袋のねずみ。何処にも逃げ場はなかった。

今度の作戦も、朝倉氏の緩慢な体質に加え、浅井氏の協力＝中立を前提とすればこその、ものであったはず。

信長は己れを知り、敵＝朝倉義景を知りつくしていると自負していたが、どうやら味方のなかの潜在敵対勢力＝浅井長政——より正確には、長政の父・久政の影響力——に、配慮が足らなかったようだ。悔やんでも、憤ってみても、どうしようもない局面であった。

信長はどうしたか。長政の裏切りが明白になると、彼は神業のような迅速さで、戦線を離脱した。少数の親衛隊がつき従ったのみで、いわば連合軍そのものを、敦賀に置き去りにして逃げたといっていい。明白な敵前逃亡であった。

## 逆境からの脱出

戦国時代、名誉に生きる武将にとって、〝卑怯者〟や〝臆病者〟と呼ばれるほど、屈辱的なものはなかったろう。将士は人々に笑われぬためにも戦場では勇み、潔く、卑怯な振る舞いはせずに、平素から言動を慎んで〝武辺道〟に心がけた。

もし、侮辱されれば相手を斬り、自らも死を選ぶのが武士の作法とされた時代だ。

それを知らない信長ではなかったろうが、彼は知りながらも、部下や友軍を置き去りにして、早々と逃走の挙に出たのである。

いかにこの行為を評価すべきか。参考とすべきものが、往昔の中国の史詩にある。

杜牧《とぼく》（字《あざな》は牧之《ぼくし》）の「烏江亭《うこうてい》ニ題ス」だ。

勝敗　兵事　事期《ことき》セズ
羞《しゅう》ヲ包ミ恥《ち》ヲ忍ブ　是《こ》レ男子
江東ノ子弟　才俊多シ
捲土重来《けんどじゅうらい》セバ　未ダ知ルベカラズ

漢の高祖（劉邦）と天下の覇を争い、戦い敗れた項羽が、垓下《がいか》（現・安徽《あんき》省蚌埠《ほうふ》市）に逃がれたものの、「四面楚歌」の歌を聞き、最愛の虞美人《ぐびじん》とも別れなければならなくなった、という名場面である。

「虞《ぐ》ヤ虞ヤ　若《なんじ》ヲ奈何《いかん》セン」

烏江まで落ちた項羽は、ここを渡れば故郷の江東というところまで来ながら、

「我、何ノ面目アリテカ、復《ま》タ見《まみ》エン。独リ心ニ愧《は》ジザランヤ」

と自害してしまう。

中国の史書は、項羽のこの最期を潔いと賞賛し、日本の多くの読みものもそれに追従した。だが――、と杜牧はいう。

もし、項羽が恥を忍んで故郷の江東へ帰り、もう一度再起を期せば、果たして漢の天下は通史のように成立しえたであろうか。男子にとって生きるのが苦しく、辛いのは、いつの時代も名誉を捨てねばならないときであった。

なまじ生き延びれば、傍目には恥も外聞もない者と映るかもしれない。

そういうとき、生き恥をさらして再戦を心に期すのは、並大抵のことではない。責任感や名誉心の強い者ほど、生命《いのち》を捨てるほうが、はるかに楽だと思うに相違なかった。

項羽は自決した。が、信長は逃げた。

そういえば室町幕府をひらいた足利尊氏も、楠木正成や新田義貞に一敗地に塗れ、九州へ落ちのびている。途中、自害しようとした尊氏は、周囲に戒められ、捲土重来を果たした。何をかいわんや、である。

京都へ、そして岐阜へ、信長の胸中にはこの苦い敗戦をどうして挽回するか、それのみが去来していたにちがいない。

信長の評価は一度に落ちた。これを払拭するには、断固たる報復を、時を移さずに行うしかなかったろう。

彼は降りそそがれる己れへの批難、侮蔑の視線に耐えながら、近江の重鎮・堀秀村《ほりしげむら》と樋《ひ》口直房《ぐちなおふさ》を〝調略〟によって、浅井家から引き離し、六月二十八日、姉川の合戦を挑んだ。

そして、これに勝利する。

浅井・朝倉連合軍に痛撃をあたえた信長は、ついで摂津大坂本願寺と戦い、さらに三好一族を討伐。紀州雑賀《さいが》の鉄砲隊と銃撃戦を行うなど、ほとんど休む暇《いとま》もない活躍ぶりを示した。

人の一生には、「四面楚歌」としか思えない苦境に陥ることが、かならずある。周囲はすべて敵であり、包囲された楯や壁は厚く、容易に突破できそうもない。

このような場合に、不思議と力の湧く言葉が『易経《えききょう》』（儒学「五経」の一《いっ》）にあった。

「窮スレバ即《すなわ》チ変ジ、変ズレバ即チ通ズ」

人間は窮して悩み、苦しみ、困窮のどん底にまで落ちると、そこに〝変化〟を見出すものだという。変化を認識できれば、必ず通ずる道＝再生の方法がある、と『易経』は説いていた。

信長は逆境の日々にあって、ついに突破口の各個撃破を見出したのだ。

彼の〝天下布武〟は、あと一歩のところまで到達したが、もしも、金ケ崎で逃走を決断しなければ、信長の命運はあの時点で、終わっていたであろう。

人間が失敗に直面したとき、その出処進退の采配《さいはい》は難しい。その実例をこそ、歴史の世界に学ぶべきであろう。

源義経　鵯越

第三章

# 分をわきまえられなかった逸材

成果への固執

# 兄・頼朝の心が読めなかった源義経

## 難攻不落の布陣

「平成」から「令和」へ——日本の元号が改まる中、あり得ない信用の失墜が有名企業群や官界で相次ぎ、世間の指弾、冷笑を浴び、極めて厳しい状況下がつづいた。

このような時、リーダーに求められる一番の要諦は、出処進退の決断——とりわけ、スピードであろう。これは「拙速《せっそく》」(まずいが、できあがりのはやいこと)でもよい。

『孫子』にいわく、

「兵は拙速を聞く、未《いま》だ巧みの久しきを睹《み》ず」

戦うとなれば素早く出陣し、たとえ拙劣（物事がまずくておとっている）でも、速決を重視すべきである。いかに戦争巧者でも、戦を長引かせて成功したためしはない、との意となった。目的を達すれば、素早く戦線を離脱するのはもとよりのこと。敗色が濃いようであれば、誇り《プライド》や面子《メンツ》といった感情はかなぐり捨てて、泥沼の長期戦に足を引っぱられないよう、速やかに撤退をしなければならない。

考えてみれば、時代の転換期を乗り切り、次代を切り拓いたのは、歴史上、常に「拙速」であったといっても過言ではないようだ。

その好例が、源平争乱の時代に彗星《すいせい》の如《ごと》く現れた源義経であった。

義経は鮮やかに、しかも息つく間もなく歴史の表舞台に登場し、大活躍を演じた。具体的な登場は、治承《じしょう》八年（寿永三年＝一一八四）正月二十日のことである。

この日、京都を占拠していた木曾義仲《きそよしなか》を、義経は怯《ひる》むことなく、一陣の風の如くに一蹴し、後白河法皇（第七十七代天皇）を解放した。

「迅速こそが勝利である」

とするのが義経の戦術眼であり、むしろ、信仰に近いものであったといえる。

義経は大将でありながら、中軍や後方に位置することなく、常に先頭に立って武者たちを叱咤激励した。すべては、スピードを上げるためである。

源氏は関東武者の連合軍、寄せ集めでしかなかったから、全軍を統率するには、将たる者の明晰《めいせき》な判断力と強靭《きょうじん》な意志を、常に全軍の武者に先頭に立って、示す必要があった。

この頃、先に京都を脱し、西方に移動した平家は、幼い安徳天皇（第八十一代）を擁して、勢いを盛り返し、瀬戸内海を制圧。千艘《そう》に及ぶ船を各港に浮かべ、本営を京都から七十キロの地点・兵庫に進出させていた。総勢は二万騎をくだらない。

とりわけ一の谷の海岸には、砂浜が狭いうえに険山が海に迫っている難攻不落の城塞を築城。正面に展開する海には、大船団を配していた。鉄壁の布陣といってよかった。

ところが、これを攻めるべき源氏の兵数は、義経とその異母兄・源範頼《のりより》の軍勢を併せても三千騎に満たなかった。二万対三千である。

## 〝鵯越〟の意味

義経はこの劣勢を、スピードで補おうとした。

情報収集をしたところ、気の遠くなるような迂回路を経て、一の谷の後方に出られることが判明する。京都を北へ出て丹波高原の奥へ進み、そこから三草《みくさ》越えという猟師が通る険路を経て、播州平野へくだり、そして再び山路を伝って、道なき道を切り開けば、一の谷の後方にたどり着けるらしい、というのだ。

しかし、源氏の諸将はこの大遠征の奇襲戦に反対した。

なぜならば、武士の合戦は正々堂々となさねばならない暗黙のルールがあったからだ。当時、合戦は武者同士の、熟練した弓馬術、闘技と、味方の人数の多寡によって決せられるべし、との伝統的な思想があった。誰も義経の〝素人戦術〟を、理解できなかったわけである。

それでいて、この無謀ともいえる奇襲作戦が採用されたのは、京都進攻時における義経の心ばえと、兵力の格段に少ない味方を危ぶみ、それゆえにこそ、早期攻撃を源氏の諸将が望んだからにほかならなかった。

主力は範頼が率いて、一の谷の正面へ。兵数は三千騎。義経はわずかな兵力の別働隊をもって、間道を取り、迂回して一の谷の後方に――この作戦は、両軍が同時に攻撃を開始しなければ効果は期待できなかった。

「二月七日、早朝を期して――」

軍議は決した。

義経は作戦決行に当たり、量より質を取った。

別働隊＝二百騎は少数ではあったが、弓の上手、乗馬の練達者が厳選された。全員が騎馬だけでの戦闘集団というのも、当時としては奇抜であった。

義経は、脳裏に地図を描きながら、迅速に進軍した。スピードを上げ、途中で二百騎の中からさらに、三十騎を割くと、この三十騎を自らが従えて、一の谷の後方・高尾山に分け入った。高尾山前面の高地が、〝鵯越《ひよどりごえ》〟である。

熊笹に覆われたこの地は、いたるところに断層がそそり立っていて、はるか下の谷に風が鳴っていた。崖の坂を登りきると、眼下に海が見える。道らしいものはどこにもなかった。義経は猟師を探し出して、一の谷に通じるわずかなけもの道があることを知る。

「その道を、鹿は通うか」

と義経が問うと、猟師は鹿ならば通うと答えた。

ここで、義経は歴史に残る名言を吐く。

「鹿が通うのだ、馬が通れぬことはあるまい」

義経は自ら先頭に立つと、一気に崖を逆落としにくだった。

眼下の平家軍は周章狼狽《しゅうしょうろうばい》した。

予想外の死角――まさかの後方の、しかも頭上から、敵勢が降ってきたのだからたまらない。平家軍は大混乱となり、兵数、地の理において圧倒的に勝り、敗れるはずのなかった陣を敷いていながら、一の谷の合戦を落としてしまう。

つづく屋島でも、源平最後の決戦である壇ノ浦でも、義経の奇抜な発想は尽きない。

屋島では、瀬戸内海一面に浮かぶ平家船団を無視。義経は敵の主営である讃岐（現・香川県）の屋島のみを注視し、船を集めて嵐の中を「拙速」に船出して、本営を一気に覆滅する挙に出た。

壇ノ浦では、船を漕《こ》ぐ水夫《かこ》を弓で射るという、当時の武士にとっては卑怯《ひきょう》とされた戦法、禁じ手を、あえて用いて勝利をものにしている。

義経の戦術は、常に「拙速」を念頭に置いたものであったといえる。

　だが、源氏に勝利をもたらしても、義経の周りには然《しか》るべき（適当な）武士団が集まることはなかった。兄・頼朝にさえ認められているならば、それだけでもいい、と割り切っていた義経だったが、結局はその兄に捨てられることとなる。

　義経には、関東武者たちによって擁立されている、いわば神輿《みこし》のような存在の、頼朝の心中が皆目、読めなかった。義経は大いなる誤解をしていたのである。

　源氏の棟梁《とうりょう》ゆえ、頼朝は地方武士団を従えていたのではなかった。彼は関東武士団の利益を平家以上に自らが認め、源氏の象徴と化すことができたからこそ、源氏の棟梁としての立場、存続が許されていたのである。

　その証左に源平争乱終結まで、頼朝は鎌倉を離れていない。義経は「拙速」な戦術で連勝しながら、落ち着いて兄の心情、武士団の心中を忖度《そんたく》することができなかった。

　最大の長所は、致命的欠点につながっている。義経は戦いと戦いの合間に、立ち止まって周囲を見る必要があった。

　敵は前にだけいるものではない。周囲、後方にも目を配るべきであったのだ。

　それを怠ったがゆえの、滅亡――大いなる失敗といえようか。残念である。

# 最後は身体
# 自分の健康を信じすぎた
# 豊臣秀吉

## 長寿こそ勝者の条件

諺《ことわざ》に「後悔、先に立たず」という。

だが、人間というのは全体に、いささか健康に関しては、愚かにできているようだ。

心身の健康についても、普段は頑健だ、と思い込み、なんら顧みる風もない人が、ひとたび患うと、それこそ身も世もなく嘆き悲しむ。世を儚《はかな》んで、落ち込む人も少なくない。

おそらく天下人となった豊臣秀吉ほど、そのことを晩年、骨身にしみて思い知った人物もいなかったのではあるまいか。

秀吉の場合、果たしていつ頃から、具体的に己れの気力や体力が衰え、もはや本復の見込みがないことを、悟ったであろうか。

正確にはわからないが、五十七歳で諦めていた世継ぎの拾《ひろい》（のち秀頼）を得た時には、己れの年齢・気力・体力に臍《ほぞ》を嚙んで、無念の涙を人知れず流したであろうことは、想像に難くない。

つゆとをちつゆときへにしわがみかな　なにわの事もゆめのまたゆめ

慶長三年（一五九八）八月十八日、秀吉は六歳の遺児秀頼の行く末を案じながら、その波乱に富んだ生涯を閉じた。享年は六十三であったという。

この時、宿敵《ライバル》の徳川家康は五十七歳であった。結果論からみれば、この二人の年齢差、とりわけ家康の健康ぶりが、豊臣政権を瓦解させた、といえなくはなかった。

秀吉の死因については、明国の使節による毒殺などという突飛な説があるものの、家康の暗殺説も無論、創り話で、おおむねは〝腎虚説《じんきょせつ》〟と〝労咳説《ろうがいせつ》〟が有力視されてきた。

腎虚説は、女性との交渉が多過ぎたため、腎水が虚《から》になって死に至った、と当時しきりといわれたものである。秀吉は天下人となってから、高貴な身分の女性をあきることなく側室に集めたが、そうした女性たちとの憩《いこ》いが、過度に及ぶと、心身を疲労させる、寿命を縮める、との認識は、秀吉本人にあまりなかったようだ。

もう一つの労咳説は、肺病を指すが、気管支炎と肺結核の区別すら定かにできなかったこの頃としては、判断にあまるものがあったようだ。

あるいは、喘息《ぜんそく》であった可能性も捨てきれない。

ただ、明白であったのは、いずれもが〝消耗病〟であった、との指摘であろう。

天下人秀吉は、極みにあがるまでに、心身をともにすり減らしていた。

一介の農民から這上《はいあ》がり、織田信長のもとで頭角を現し、その方面軍司令官となって、最盛期には織田家が二十倍の敵と戦った多方面同時の戦場を、秀吉も駆けずりまわった。

元亀元年（一五七〇）四月、対朝倉戦＝金ケ崎《かねがさき》の敗戦では、同盟とたのんだ浅井長政に裏切られ、信長が袋のねずみとなった中、主君を逃すために、自ら殿軍《しんがり》を買って出て、生命《いのち》懸けの働きをしている。出自が卑しく、門地に恵まれなかった秀吉は、身を粉《こ》にして信長に貢献することしか、出世の方法がなかったのだ。

信長の死後、織田家の遺産を簒奪《さんだつ》したおりも、この人物は実によく身体を動かし、働いた。それだけ病気もなく、体力・気力にも恵まれていたということであろう。

## 寄る年波には勝てず

それでも、人間であるかぎり例外はない。寄る年の波には勝てず、心身をそこねてしまった。ほぼ同時代の記録、『戸田左門覚書《とださもんおぼえがき》』によれば、

「(秀吉の)死の約二ヵ月前、六月十六日、秀吉は病身を顧みずに、伏見城において諸大名を引見した」

とあり、この席には後継者の秀頼も、浅野長政、石田三成、増田《ました》長盛、長束《なつか》(ながつか、とも)正家《まさいえ》、前田玄以《げんい》の五奉行の寵臣たちも、左右に列したとある。

秀吉はそれらの人々に盛菓子をすすめ、長嘆して、

「せめてこの秀頼が十五歳になるのを待ち、これに精兵を授けて、今日のように諸大名が秀頼に仕える有様を、余がこの目で見ることができたなら、平素の願望も叶えられることであろうに、いまや病勢がつのり、命数まさに尽きんとし、いかんともなす術《すべ》さえない」

潸然《さんぜん》と(さめざめと)落涙した、という。

居合わせた人々も、感《かん》きわまって、突っ伏して泣いたようだ。

それが誤って城の外へ洩れ、

「太閤殿下、ご他界――」

との虚報が伏見から、京都へ。そして、全国に伝えられたらしい。

戦国時代の、人間関係の厳しさ、冷酷さは、とうてい現代の比ではない。

少しでも弱みを見せようものなら、すぐにでもその人物に取ってかわろうと、人々は虎《こ》視眈々《したんたん》と上司や同僚の様子をうかがっていた。

秀吉が没した翌年閏《うるう》三月三日、今度は前田利家が六十二歳で死去する。

もし、秀吉より一年でも早く利家が逝っていれば、加賀・能登・越中を領有していた前田家の〝百万石〟は、大きく削封された可能性が高い。

利家であればこそ、百万石を任されたのであって、その子・利長が必ずしも、父同様の器量の持ち主とはいえず、戦歴は利家には及ばない。そうした場合、削封されて当然とする不文律が、戦国の世にはあった。

家康とて同断である。秀吉よりも家康が先にこの世を去っていれば、関八州（実質は六州）に二百五十余万石の領地を与えられていた徳川家も、嗣子秀忠の代にはおそらく十分の一程度に、削られた公算は大きい。

現に、会津九十一万九千余石の蒲生氏郷《がもううじさと》は、文禄四年（一五九五）二月七日、四十歳でその生涯を終えたが、子の秀行はその後、家臣の喧嘩を理由に、会津を召し上げられ、宇都宮にわずか十八万石を与えられるだけの存在となっている。

したがって秀吉が先に逝き、実力者の家康が残ったうえは、しかも、関ヶ原の合戦でその実力が不動のものとなったからには、豊臣家は家康の申し入れを事前に察知し、あるいは忖度《そんたく》して、大坂城を去り、減封されようとも生き残りを計るべきであったのだが、豊臣方ではこれを受け入れず、ついには大坂の陣で滅亡する結果となってしまった。

「もう少し、健康管理に気を配るべきであった……」

今風にいえば晩年、秀吉は大いにそのことを嘆いたであろうが、若い頃の彼は、全身がまるでバネのようで、雑草のような逞《たくま》しさがあり、およそ病気とは無縁であったため、健康に対する過信があったようだ。

秀吉がいまだ木下藤吉郎と称していた微賤《びせん》のころ、身分が低く収入が少なかったため、彼は常に空腹であった。

若い頃というのは、誰でもそのようなものであったかもしれない。『異説まちまち』という書によれば、使い走りなどのついでに、叔母の家に寄ると、藤吉郎は〝麦飯〟を大椀に盛って水をかけ、立ちながら食った話が載っている。

「そのうまきこと、いま高位になりて美食すれども、そのときの〝麦飯〟のうまさには及ばずといわれしや」

と、のちに述懐しているほどだ。

## ニンニクと風呂、湯治のみ

いまひとつ、秀吉の食生活では、ここ一番にニンニクが登場した。

たとえば、〝本能寺の変〟を知り、中国地方の戦線を撤収して、明智光秀と戦うべく、畿内を目指した〝中国大返し〟――のちのちまで語り草となった、この強行軍において、秀吉は〝速さこそ勝利〟と確信していた。全軍を叱咤激励して、風雨の山陽道を、彼は泥濘《でいねい》の中をものともせず、決壊・氾濫する川を泳ぐようにして渡河。姫路でわずかに休息して、さらに東を目指した。

秀吉軍の全軍休止は、尼崎城に入ってからである。

この間、信長の死に対する服喪の意味から、秀吉は精進食で通していた。が、これでは戦にならない。秀吉はニンニクを集めさせ、士卒に配らせると、自らもこれを食した。あわせて鹿や猪の肉、魚肉、鳥肉など、脂好きの秀吉は、精のつくものを大量に求めている。さらに行軍中の士卒は、配られた生ニンニクをかじりながら、山崎の合戦場へと向かった。秀吉軍勝利の陰には、このニンニクの効用があったことは間違いない。

やがて、織田家の遺産をことごとく相続した秀吉は、手当たり次第に側室を置き、好色にふけり、健康管理を怠った。例外的であったのは風呂好き、湯治《とうじ》（病気などを治すために温泉に入ること）好きであったことぐらいであろうか。

秀吉は風呂と湯治が好きで、近江長浜城や姫路城ではことに、湯殿《ゆどの》は入念に造らせている。当時の湯殿は畳敷の休息室、板敷の脱衣室、そして浴場に分かれ、浴室には湯気が立て籠っており、垢すりの侍女がつき添う。

室内には湯釜と水釜が個別にあって、今日でいうところの浴槽はなかった。

侍女はまず手桶で湯を汲み、秀吉の背中をざっと流し、秀吉はその後に浴室の隅にしつらえた風呂小屋に入る。戸を閉じると床の隙間から湯気があがり、身体の脂を溶かしてくれた。今日のサウナと思えばいい。

しばらく湯気に耐え、小屋から這《は》い出ると、侍女が薄物を掛け、その上から垢《あか》を擦った。これが風呂であり、湯治は湧出する天然の温泉に浸《つ》かりに行くことを指した。

諸記録によると、秀吉の湯治――それも有馬湯の山への旅宿は、度々、行われたようである。とりわけ秀吉は、大仕事を終えたあと、ないしは疲労困憊の極に達したとき、湯治を心掛けた風があった。

つまり、彼は湯治をなによりの〝休息〟と位置づけていたようだ。

秀吉のように、医学についてなんら知るところのなかった者にとって、湯治こそが最大の疲労回復、心身を健康に保つ特効薬でもあったのだろう。

併せて、秀吉は灸を専らとしていた。風呂や湯治で血行をよくし、さらに灸を実施することで、病は治癒《ちゆ》すると秀吉は考えていたようだ。日本には古来、中国伝来の鍼灸術《しんきゅうじゅつ》があり、彼も側近の医師たちからその効用を聞いていたのであろう。

ついでに記せば、秀吉には天下人となった頃から、〝番医〟と称される当直医師団が形成されていた。無論その頃としては日本屈指の名医たちが厳選されている。また、〝番医〟は緊急時にも即座に十分な治療が施せるよう、二十四時間態勢をとっていた。

『鹿苑日録《ろくおんにちろく》』（相国寺鹿苑院歴代院主の日記）には、文禄二年（一五九三）十二月、秀吉

が医師五名を折檻《せっかん》した、との記録があった。秀吉の病気中に欠番（勤）したための科《とが》であったとある。

医師団は昼夜交替で常勤させられ、欠番にはきわめて厳しい措置がとられたようだ。医師にとって患者は、ひとり秀吉のみではなかったろうから、〝番医〟は名誉ではあったものの、半面、過酷な制度だったともいえる。

秀吉は病気を意識するようになってから、はじめて医師団を設置し、また彼らを身近に置いたが、それでも普段は不摂生のつづくことが多く、そのうえ、若い頃の無理も大きく影響し、年齢を経るにしたがって、気力や体力が急速に弱ったのも当然といえた。

今日でいう、予防医学をまったく顧みなかったところに、秀吉の失敗学はあった。

この件に関して、好敵手《ライバル》の徳川家康のほうが、はるかに用心深く、懸命に研究し、長生きするための努力を人知れず、積んでいたといえそうである。

後悔、先に立たず――いつの世でも、この言葉は意味深長である。

# 絶好のチャンスも先がなくては生かせない
# 〝天下布武〟には到底及ばなかった明智光秀の三日天下

## 室町時代の複雑さ

戦国武将「明智光秀」の名を聞くと、多くの人は反射的に、〝本能寺の変〟を引き起こし、主君・織田信長を弑逆《しいぎゃく》した、あの叛臣《はんしん》か、といった反応を示す。

——その通りである。

もし、光秀が〝主殺し〟をしなければ、その後の日本はどうなっていたか。

信長に期待する現代人の中には、朝鮮出兵から明国を討ち平らげ、全アジアを支配して、スペインの無敵艦隊とインド洋上に戦う信長の雄姿を、想像する向きもあるようだ。

そうした夢が膨らむ分、光秀の行動を憎む人は少なくない。

だが、どうであろう。

もしも、光秀がそもそも織田家に仕官していなければ、信長は〝天下布武〟の一歩手前まで、戦国武将として躍進することができたであろうか。筆者はおそらく、無理であったろう、と推測する。

そのことを実は、当の信長も理解していた。織田家の部将の中で、信長によって最初に城持ちの身分となったのは、筆頭家老の柴田勝家でも、お気に入りの羽柴（のちの豊臣）秀吉でもなく、新参の光秀であったことが如実に物語っている。

前歴の定かでない光秀は、ふいに越前の長崎称念寺《しょうねんじ》（現・福井県坂井市）の門前に姿を現わし、十年ここに暮らしていた（『遊行《ゆぎょう》三十一祖京畿《けいき》御修行記』）。そして越前の国主・朝倉義景に、一説には五百貫文の知行を与えられ、その客将をつとめたとされている。

ここで光秀は、流浪の将軍候補（のち十五代将軍）の足利義昭と出会い、この貴人を信長に橋渡しすることで、織田家から扶持《ふち》をもらうようになる（一時は義昭からも）。

その新参、中途採用の光秀が元亀二年（一五七一）九月、比叡山延暦寺の焼き打ちのあと、近江坂本城を信長から拝領していた。破格の待遇といってよい。

無論、光秀も信長の期待に応えるべく、この気難しい主君に天下を取らせるため、懸命に働いている。それでいながら光秀は、ついに自ら信長を葬ってしまう。この「明智光秀」という異才の武将を理解するのは、かなり骨の折れることといえそうだ。

まず、光秀の世に出られた最初の切り札を、筆者は通訳に求めてきた。

日本にも戦国時代まで、男の言葉と女の言葉は厳密に使い分けされていたのである。たとえば、味のよいことを、男は「うまい」といい、女は「いしい」といった。これに接頭語が付いて、「おいしい」が成立する。

ちなみに、戦国日本を訪れた宣教師たちが、日本語を研究して編纂した『日葡《にっぽ》辞書』（一六〇三～四年）によれば、女言葉として次のようなものが挙げられていた。

「お足」（銭）、「おいた」（塩）、「お数」（料理）、「御付《おつけ》」（飯にそえる汁）、「御居処《おいど》」（尻）——云々。

加えて、身分上の独特の言い回し、言葉がこれに重なった。

さらには、地方の乱雑な言葉が入り乱れていたのが戦国の世である。

到底、他国者同士、それも身分が少し違えば、いずれも同じ日本語とは思わなかったであろう。もちろん、双方の会話は通じない。

言葉すらが、この調子である。

礼儀・仕来りの繁雑さは、今日の想像を絶するものがあった。

当然のことながら、室町風の礼式言語＝「外交」に関わる、専門職も成り立ってしかるべきであったろう。

明智光秀はその専門職――足利義昭と信長の通訳兼礼儀作法の仲介者――として、まずは織田家で認められた可能性が高い。

美濃の名門・土岐《とき》氏（源氏）の支族――明智光国の子であった、などの伝承はあるものの、その前半生は明智城にあり、美濃の国主・斎藤道三に仕えていたとの出自は、ことごとくが後世の創りものでしかない。かなり怪しい。

今日に残る光秀の記録は、『明智軍記』をはじめ、すべてが江戸時代中期に書かれたものである。光秀が生きていた同時代の、『兼見卿記《かねみきょうき》』に拠れば、美濃に親類はいたようだが、光秀の身分は、「一僕の者（しもべ、召使《めしつかい》）、朝夕の飲食さへ乏《とぼし》かりし身」（『当代記』）というのが真実に近かったのではあるまいか。

「信長の宮廷に名を明智といふ賤《いや》しい生まれの人があった。彼は信長の治世の初めには、一貴族の家来だった」（『イエズス会日本年報』）

との記述もあった。

将軍義昭の記録したとされるものの中に、幕府の「足軽衆」として、「明智」が最後に出てくる。

これは越前滞在中の義昭のもとに、光秀が出入りして、認められたことを記した公算が高かった。おそらく光秀は越前にいた十年の間、なかでも永禄九年(一五六六)九月に、義昭が一乗谷へ迎えられたのち、室町風の礼式言語を、たとえばのちに親戚となる、義昭側近の細川藤孝からでも、学んだように思われる。

光秀が初めて公式文書に登場するのは、永禄十一年十一月十四日、信長の家臣・村井貞勝とともに、上賀茂惣《かみがもそう》(荘園)に対し賀茂社領安堵の意向を伝え、信長への礼を促した書状であった。

光秀は京都にあって奉行をつとめつつ、室町幕府と織田家を往来していたわけである。

ついでながら、光秀の生年は明らかにされておらず、信長に仕えたときの年齢も四十、四十二、五十三と諸説あった。光秀は、信長より六歳から十八歳年上ということになる。

## 身につけ得なかったもの

通史では素通りされ易いところだが、光秀の華麗な織田家への転身は、今風にいえばまさしく、通訳を主務とした外交的知識、礼法の手腕などにその根源が求められた。

加えて、光秀は行政官をつとめても、合戦の指揮を執らせても、抜群の手腕を持っていた。天正三年（一五七五）六月からは、丹波攻略の主将に選ばれて戦線へ。

同七月には、「日向守」に任官している。そして五年後には、丹波一国を加増されて、亀山（亀岡）城主も兼ね、さらなる栄進となった。

坂本、亀山は共に、京都を東西から扼《やく》する要害の地であり、この双方を委ねられた武将が光秀であった点は、改めて考え直してみるべき価値がある。

彼は信長に、絶大な信頼を寄せられていたのだ。対室町幕府の外交担当者としての能力、行政官としての名奉行ぶり、そして武将として最前線に立ちうる力量。

当初、光秀は室町言葉と信長の尾張弁を聞き分け、意志の疎通をはかったはずである。語学堪能なうえに、室町の礼儀作法にも通じていた。彼は田舎者揃いの織田家中において、尊敬の的となり、新参・中途採用にもかかわらず重きをなすにいたる。

担当が外交業務であったため、耳目する情報は鮮度が抜群であったはずだ。また、それを応用する術《すべ》にしても、光秀の右に出る者は、織田家にはいなかったであろう。

いつしか光秀の意識の中に、己れを将軍義昭や細川藤孝のような、武家貴族に擬する想像が浮かんできたとしてもおかしくはなかった。

問題は、外交と合戦に秀でた己れの立場から、客観的に主君信長の言動を改めてみた時、光秀にはそれがどのように映ったか、であった。

自由奔放な信長の気性とも合わず、生真面目な光秀は、主君に対する批判を心底に持ち、それを積もらせて、ついには謀叛に踏みきってしまったように、思われてならない。

――引き金となったのは、疲れであったろう。

信長より六歳以上年上の光秀は、丹波平定の次に、中国方面で展開中の、秀吉の応援を命じられている。中国平定のあとには、信長から「惟任《これとう》」姓と「日向守」の官職を与えられていた光秀には、九州方面軍司令官の役目が控えていた。

六年前の天正四年十一月に、彼は〝糟糠《そうこう》の妻〟であった正室・凞子《ひろこ》を亡くしている。当時、光秀も長年の心身の疲れからであろう、病床に伏せていた。

心身をすりへらして疲れ切っていた彼は、まるで不意に思いついたように〝本能寺の変〟

に及ぶ。果たして光秀には、冷静沈着な計算があったのだろうか。

〝本能寺の変〟には常に、黒幕説というのがつきまとう。やれ、信長に追放された将軍義昭が背後にいた、とか、朝廷こそが光秀を使嗾《しそう》（けしかける）をしたのだ、とか、宣教師だ、秀吉、家康だ、だと喧《かまびす》しい。

筆者はそれらすべての黒幕説を、長年否定してきた。なぜならば、光秀に事前工作の跡がなかったからである。

なるほど、変の後、光秀はすばやく将軍義昭と連絡をとり、朝廷へも誼《よしみ》を通じている。諸国の大名＝上杉景勝や毛利輝元、小早川隆景、筒井《つつい》順慶《じゅんけい》への、そつない外交政略は、さすがに名外交官らしい水際立ったものであったといえる。

併せて兵力、軍略にも、それなりの自負、自信はあったのだろう。

織田家の諸将と戦っても、自分ほどのものはいない、との思い込みも、光秀には強かったに相違ない。

しかしながら、彼には語学や礼法の世界にはない情報――すなわち、時代の趨勢、勢いといった〝生〟のものを、わがものとする術《すべ》には思いいたらなかったようだ。

極限に達していた心身の疲労困憊《こんぱい》が、それを阻んだのであろう。ここに、光秀生涯最大

の失敗があった。

『呂氏春秋《りょししゅんじゅう》』の中に、「無術の智」というのがある。術のない智は役に立たない、との意だが、社交辞令上の情報だけでは、あるいは織田家の一部将としての資格では、天下は狙えるものではなかった。

信長を弑逆《しいぎゃく》するのは、戦国一般の〝下剋上〟とは質と規模が違っていた。

天正十年六月二日、「敵は本能寺にあり」（『明智軍記』が出典）と、光秀は信長を急襲してこれを滅ぼし（享年四十九）、五日には同僚であった秀吉の属城・長浜城と丹羽長秀の居城・佐和山城を陥している。

このおり、阿閉貞征《あつじさだゆき》、山崎堅家《かたいえ》、京極高次《たかつぐ》らの大名が、明智勢に荷担。六日、『歴代古《れきだいこ》案《あん》』（江戸期に成立した越後上杉氏の史料集）では、光秀は越後の春日山城主・上杉景勝に使者を送って、同盟を呼びかけている。

そして、家臣の沼田光友《みつとも》を派遣し、義昭擁立運動以来の仲であり、親戚となっていた細川藤孝─忠興《ただおき》（妻は光秀の娘・玉《たま》＝ガラシャ）父子の勧誘にあたらせた。

光秀の書状には、信長を討ち果たした経緯とともに、人数を召し連れて早々に上洛してほしい。幸い、摂津国が闕国《けっこく》（領主のいない国）となっているので、これを新しい知行地として貴殿に差し上げたい、といった内容が述べられていた。

光秀は細川家の荷担については、まったく疑念の余地すら持っていなかったようだ。にもかかわらず、味方につくと期待していた大和の筒井順慶ばかりか、最大の精神的拠り処とした細川家にまで裏切られ、光秀の天下は〝三日天下〟（実際は十一日）に終わってしまう。

〝中国大返し〟を行い、畿内へ駆け戻ってきた秀吉の軍勢と、光秀は山崎に戦い、一敗地に塗《まみ》れて、最後は落武者狩りの農民の手によって、その生涯は閉じられてしまった。光秀の享年は不詳である。

信長の死とほぼ時期を同じくして、東国言葉は一挙に、九州地方にまで雪崩れ込んだ。

今日でもよく知られている諺《ことわざ》に、「京へ筑紫《つくし》に坂東さ」というのがある。

たとえば、京都では「――へ行く」といい、九州では「――に行く」、東国では「――さ行く」と用いられたものだが、この頃、大いに方言は混ざり合った。

のち、室町式の礼儀作法が賑々《にぎにぎ》しく復活するのは、信長の遺産を相続した秀吉が死に、そのあと天下を取った徳川家康が、江戸幕府を創業してからのことであった。

光秀は、己れの死後の〝流れ〟を、いったいどのような想いで眺めたのであろうか。

目的が中途半端さゆえの過ち

# 韓信～〝国士無双〟最後の嘆き～

## 三つのエピソード

蕭何《しょうか》、張良とともに、中国・前漢の〝三傑〟に数えられた韓信《かんしん》は、日本人の好きな三国志の名将と比較すると、いま一つ重なる人物がいない。

その稀代の名将ぶりは、〝国士無双〟と称えられる一方で、敵将の項羽はもちろんのこと、主君の劉邦にすら恐れられたほどであった。

スケールの大きさ、〝背水の陣〟で知られる兵法の斬新さ、そして不敗の指揮能力。

加えて、その数奇な運命は、三国志以外に似た人物を求めれば、わが国の源平合戦に彗星のごとく現れた、源九郎判官《ほうがん》義経が、イメージとしては最も近いようにも思われる。
韓信は淮陰《わいいん》（現・江蘇省）の出身であった。その氏素姓は不詳だが、若い頃は生業《なりわい》にもつかず、放蕩無頼《ほうとうぶらい》に近い生活を送っていたようだ。

『史記』には、若き日の韓信の生き方を、三つの逸話《エピソード》で語っている。

一つは、韓信が淮陰の南昌《なんしょう》県で、亭長（警察署長）のもとに、何ヵ月も居候をしていたところ、亭長の妻に嫌がられ、ついに食事を与えられなくなって、怒った韓信は亭長と絶交した、というもの。

二つめは、韓信が城下で魚釣りをしていると、「漂母《ひょうぼ》」（洗濯婆さん）が彼の姿を哀れに思い、食事を恵んでくれたという小話。このときも韓信は、数十日ものあいだ、ただ飯を食っている。

それでいて、「いつかは必ず、この恩返しはするぞ」といい、かえって老婆に叱られていた。「漂母」にすれば、哀れと思ってほどこしをしたのであって、そのような者から、礼をいわれようとは思わなかった、というのだ。

最後の挿話は、一般によく知られている〝韓信の股くぐり〟である。

淮陰の仲間に、韓信のぐうたらな様子を馬鹿にする者がおり、

「おまえは、体はデカいが、本当は臆病者だ。ぶらさげている剣も飾り物だろう。殺せるものなら、この俺を刺してみろ。さもなくば、俺の股をくぐれ」

公衆の面前で、韓信を侮辱した。

男であれば、面目にかけて許せない場面である。ところが韓信は、その無頼漢の股下を平然とくぐったのであった。

『史記』の作者の司馬遷《しばせん》は、この三つの逸話で、韓信の自尊心、誠実さ、大事の前の小事を忍ぶ隠忍自重《いんにんじちょう》を、各々表現したかったようだ。

## 元帥への道

が、若い時分の韓信が、なまけ者だったのは事実である。彼にはそもそも、大それた野望など、なかったのではあるまいか。

その理由は、韓信は戸籍に名前のない人々の群れの一人であり、在地の生産集団から疎外され、農耕以外の仕事に従事させられていた、と考えられるからである。

つまり、土地を有する普通の農民ではなかった。それだけになおさら、懸命に生きようなどとは、思わなかったに違いない。

だが、時代は大きくうねった。

乱世となり、韓信は項羽の叔父・項梁《こうりょう》のところに馳せ参じる。

国家の体制が変われば、閉塞した状況から脱することができるかもしれない。積極的に働けば、身分の上昇も可能だろう。韓信は彼なりに、精一杯の努力をした。

しかし、名を知られるほどの活躍にはいたらず、項梁が倒れて、その後を項羽が継いでも、ようやく、「羽の郎中《ろうちゅう》」（護衛官）にしか、取り立ててもらえなかった。

「このままでは、どうにもならぬ」

この頃には、ずいぶんとやる気になっていたのだろう。韓信は、項羽のライバル劉邦が、漢王となり蜀に入ったのを機会に、楚を去って劉邦を慕った。

今度こそは、と頑張ってはみたものの、無名の韓信では所詮、重用されることはない。挙句、ある罪に連座して処刑されそうになってしまう。

もはやこれまで、というとき、

「漢王（劉邦）は天下を望まれぬのか。どうして、あたら壮士をむざむざ斬ろうとするのか」

自棄《やけ》になって、捨てゼリフを韓信が吐いたところ、夏侯嬰《かこうえい》（太僕《たいぼく》・王の輿《こし》と馬を司る長官）がその言葉を聞き咎《とが》め、その面構えに感じて、韓信を釈放したという。

それればかりか夏侯嬰は、韓信を劉邦に推挙し、「治粟都尉《ちぞくとい》」（兵糧担当の行政官）に登用する道もつけている。

だが、兵学指向の韓信の不満は募るばかり。漢が国都を南鄭《なんてい》（現・陝西《せんせい》省漢中市）に遷《うつ》そうとしたのを機に、彼は劉邦を見限って逃亡する。

これを知り、慌てて後を追ったのが、ひそかに韓信の人となりを見守っていた、宰相の蕭何《しょうか》であった。蕭何は劉邦への届け出もしないまま、月下に韓信を追い求めた。

「韓信こそは、まこと国士無双。これから天下を狙うおつもりならば、なんとしても、この男の力を借りなければなりません」

蕭何には尋常ならざる、韓信の将才が理解できていたようだ。劉邦は半信半疑ながら、蕭何の説得で、韓信を総大将＝元帥に任命。盛大な拝命の儀式を、厳かに執り行った。

## 項羽の失敗

韓信は劉邦の期待に応え、以来、連戦連勝。項羽は己れの指揮した戦で、一度も敗北したことがなかったにもかかわらず、追い詰められて、ついには劉邦と天下を二分する和睦を結ぶこととなる。

もし、このまま項羽が楚に帰っていれば、そのあとに展開される物語は、想像を絶するものとなっていたに違いない。

事実上の第三勢力となった韓信や、独立して勢力をもっていた黥布《げいふ》、彭越《ほうえつ》らを交えて、それこそ後漢帝国末期の群雄割拠の様相を、早々と先取りしていたかもしれない。

だが、歴史はここで、一つの結論を出した。

「いま漢は天下の大半を領有し、諸侯もすべて漢に味方しています。これに比べて楚では兵は疲労し、食も尽きております。これは天が楚を滅ぼそうとしているのだ、といわねばなりません。この機に乗じて天下を取らず、項羽を帰してしまっては、いわゆる虎を養って、自分で患いを後に残す、ということになりましょう」

帷幄《いあく》の軍師・張良や陳平の言に、劉邦は頷《うなず》いた。

和睦を一方的に破棄し、漢軍は楚軍を追撃して、陽夏（現・河南省）の南において韓信、彭越その他の軍勢と合流する手はずをととのえる。

だが、韓信も彭越も、その他の将領までもが一向に現れない。

一方、劉邦が約定を違《たが》えたことを知った項羽は、怒りを爆発させると、漢軍を逆襲。またしても、考えられない凱歌を奏する。

仕方なく籠城戦に臨むこととなった劉邦は、張良の助言に従って、陳（現・河南《かなん》省）より以東、海にいたるまでの地を韓信に、睢陽《すいよう》（現・江南省）より以北、穀城《こくじょう》（現・山東省）までを彭越に、各々与える旨の使者を相手の許《もと》に遣わし、ようやく両将の出陣を得る。

斉からは韓信が、梁からは彭越が、兵を率いて参戦した。

ほかにも劉邦の説得を受け入れて、項羽に離反する者が続出する。これに九江の黥布を迎え、その兵力を併せて垓下《がいか》（現・安徽《あんき》省）に、項羽の楚軍を包囲することとなった。総勢三十万。対する項羽軍は、十万である。

もはや項羽には、この劣勢をはね返せるだけの余力がなかった。

垓下に塁壁を築いて立籠《たてこも》っていると、漢軍の諸侯の兵のあいだから、楚の歌が聞こえてくる。四面みな楚歌——。

「漢はすでにことごとく、楚の地を手にしたのであろうか。なんと楚人の多いことであろう」

項羽は驚き、そして己れの最期を悟った。
今生の別れに幕中で宴を張り、項羽は詩を詠ずる。

力は山を抜き　気は世を蓋《おお》う
時利あらずして騅《すい》（愛馬の名）逝《ゆ》かず
騅の逝かざるは奈何《いかん》ともすべきも
虞《ぐ》や虞や　若《なんじ》を奈何せん

宴のあと愛する虞美人を自らの手で殺し、ただちに馬に跨《また》がる項羽。
従う者は八百余名。一同は夜陰に乗じて、囲みを突破。戦いつつ南下して、烏江《うこう》までき
た。河辺には船が待機している。
だが、項羽はその船に乗らなかった。
「吾、兵を起こし、今に至るまで八歳（八年間）、身をもって七十余戦す。当たる所の者
は破れ、撃つ所の者は服し、未《いま》だ嘗《かつ》て敗北せざりき」
己れの強さをあらためて振り返り、それでいて今日の状態となったのを、

「――天の我を亡ぼすなり。戦《いくさ》の罪に非《あら》ざるなり」

といい、引き返して斬死《きりじに》を選んだ。もっとも、項羽を殺せるほどの武人はそうたやすくはいない。結局、項羽は自ら首を刎《は》ねて、この世を去る。享年三十一。

## 中途半端な後半生

劉邦は項羽をねんごろに弔い、その一族を放免した。劉邦が漢中王となって五年目、紀元前二〇二年のことである。

中国においては、項羽の死は最大の英雄の死、悲劇とされてきた。

だが、間違えてならないのは、この悲劇の意味である。項羽の死が悲劇といわれるのは、その死が天命によるものだったからではない。すべての責任が已れにあることを悟ることなく、天命と思いこんで死んでいったことが、悲劇だといえる。

あり余る才能、能力、手腕に恵まれながら、それらを十二分に発揮せぬまま、短い生涯を破局に追いこまれていった英雄の死が、悲しいのである。

――同じことは、勝利した側にいた、韓信や彭越にもいえた。

彼らには、己れの姿が見えなかった、という共通点があった。

そのため、のちに悲劇となる種を、自ら蒔《ま》いたといってもよい。

二人は他人の意志に、己れを合わせようとはしなかった。

主君に対して、徹底した忠臣になろうとは思わなかったに相違ない。

韓信や彭越が垓下の決戦に参加したのは、大領土の王にしてくれる、との劉邦の約定によるものであり、主命を奉じての忠臣の出陣ではなかった。

当然、二人への不信感は、劉邦の心のうちに根強く残る。そのわりには韓信・彭越ともに、自身の粗忽《そこつ》さが見えていなかった。

項羽を含めた三人は、おそらく、己れの才能を過大に評価しすぎていたのだろう。

人は己れの能力に限界を感じて、はじめて他者との協調性を痛感するものだ。己れを頼る者は、その意味において生涯、他者の気持ちを汲みとることができない。

韓信はしきりと説客・蒯通《かいつう》の進言に耳を傾けながら、范蠡《はんれい》と勾践《こうせん》の例を挙げられてなお、自分の悲劇的な将来が見通せなかった。

狂人を装い、巫者《ふしゃ》（神がかりで神託を得る者）になりすまして難をのがれた蒯通のほうが、よほど、先を読んでいたといえそうだ。

のちに劉邦に捕えられた蒯通は、処刑されかかったものの、巧みに弁明して放免となっている。

紀元前一九六年、韓信は陳豨《ちんき》と謀叛《むほん》を企てるが露見し、かといって挙兵にも及べず、劉邦の正室・呂后《ろごう》に欺《あざむ》かれて、捕えられ斬首の刑に処せられた。

それ以前、韓信は漢の天下となるや、国替を命じられて斉から楚に左遷されている。また、項羽の死後、鐘離昧《しょうりまい》をかくまい、そのことを追及されると、鐘離昧に自刎《じふん》を強要し、己れは淮陰侯に格下げとなっている。

もし、最後まで己れの立場が見えなかったとすれば、これほどの悲劇もなかったろう。

韓信は、つぎのようにいっている。

「蒯通の計を用いなかったのが残念だ。そのため、女子供に欺かれてしまった。これも天命であろう」

これではまさに、項羽と同じではあるまいか。この英雄も最期まで、物事の本質が摑《つか》めなかったというほかはない。残念至極である。

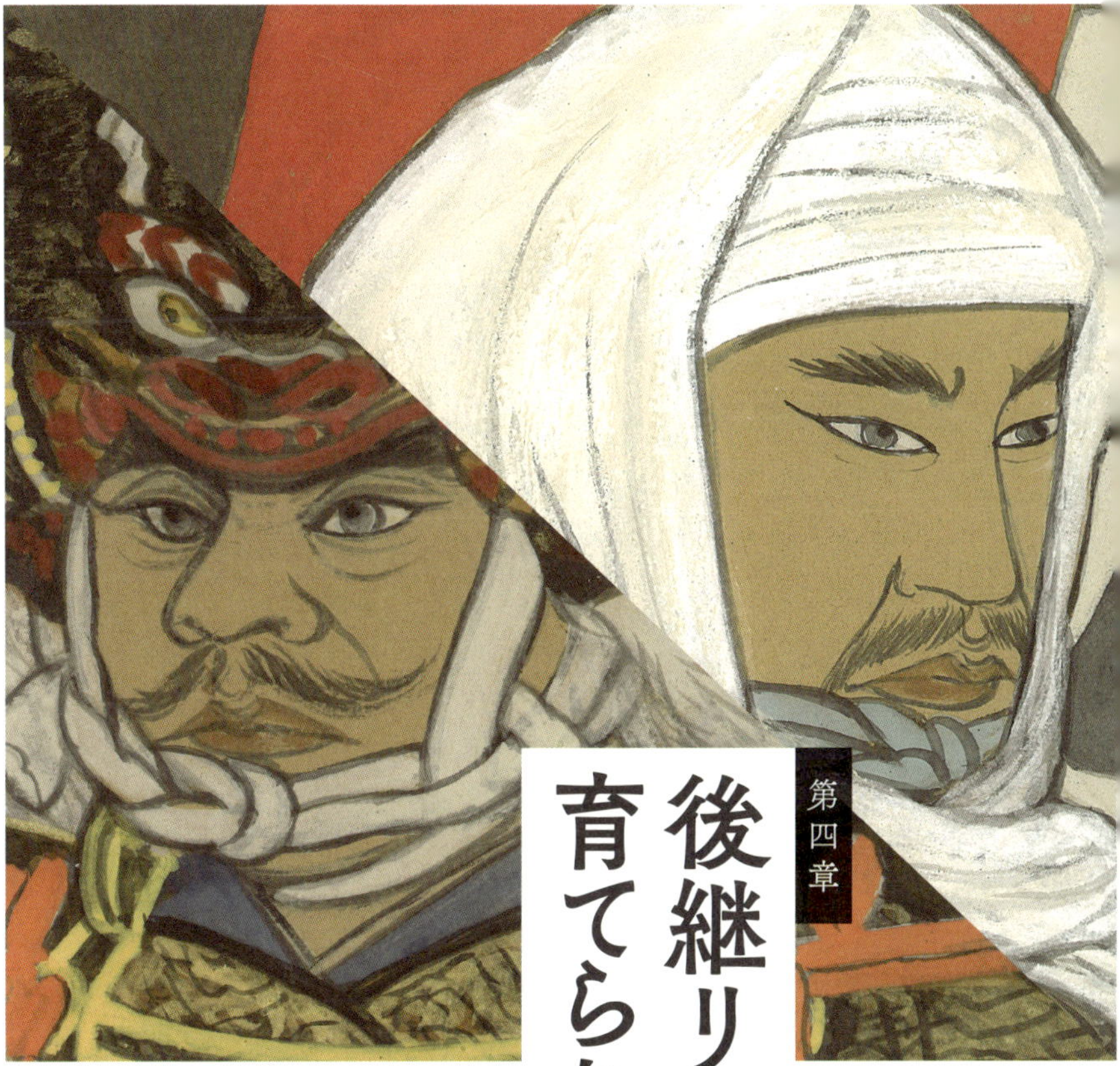

武田信玄 vs 上杉謙信

第四章

# 後継リーダーを育てられなかった名将

孫かわいさに教育を怠ったその末路

# 下剋上で太守になるも承継できなかった尼子経久

## 下剋上の具現者

中世日本を根底から覆した〝下剋上〟の大波を、身一つで見事に体現した人物に、尼子《あまご》経久《つねひさ》がいた。

とにかく、凄まじいばかりの、成り上がりぶりであった。なにしろ出雲（現・島根県東部）半国の勢力から、一代でついには、「十一州の太守」と称されるまでになったのであるから。

そのわりには、尼子経久の名は一般に知られていない。

尼子家関連でいえば、

「願わくば、我《われ》に七難八苦を与え給《たま》え」

と三日月に主家再興を祈った山中鹿介《しかのすけ》は、「昭和」の戦前、日本史屈指の英傑として著名であった。この鹿介の祈念した、再興すべき主家こそが、尼子氏である。

鹿介は一度、正確には永禄九年（一五六六）十一月の時点で、中国地方の覇王・毛利元《もと》就《なり》に滅ぼされた尼子家の、再興を志していたわけだが、亡んだ当時の尼子家の当主は義久《よしひさ》である。その三代（当主としては二代）前が、経久であった。

きわめて大雑把《おおざっぱ》ないい方が許されるならば、経久は元就が最盛期に手中とした山陰・山陽にまたがる国々を、約六十年早く、ほぼ独力で手に入れた人物であった、といえようか。

まさに、乱世の英雄といってよい。

経久が歴史の表舞台に登場してくるのは、室町時代の中ほど、日本人の気質を決定づけたとされる応仁の乱の、終息後、まだその興奮さめやらぬ時世でのことであった。

戦国乱世と呼ぶには、いまだ黎明《れいめい》であり、室町幕府は依然、存在していた。

換言すれば、出自や伝統、家柄の良さが、勢力拡張の必須の条件として数えられていた頃のことになる。

そもそも経久の尼子氏は、宇多《うだ》源氏の子孫である南北朝時代の、バサラ大名・佐々木道《どう》誉《よ》に端を発する名門の出であった。

道誉の孫・高久が、近江国犬上《いぬかみ》郡甲良《こうら》荘の尼子郷（現・滋賀県犬上郡甲良町）に居住したことから、「尼子」を姓とするようになったと伝えられている。

高久の次男持久《もちひさ》（経久の祖父）の代に、主家の佐々木＝京極氏が出雲守護となり、これに応じて守護代をつとめるべく出雲にくだったのが、出雲尼子氏の起源となったという。

持久の子・清定（貞）の代に、尼子氏は応仁の乱に遭遇した。

権威を失墜させる名門守護が多い中で、はねかえる国人・土豪を血統の高貴さと実力で押さえつけ、尼子氏はさらなる下剋上の芽を摘み、自家の勢力拡大の基礎を固めた。

この清定の嫡男として、長禄二年（一四五八）に生まれたのが、又四郎経久であった。

家督を継いだのち、経久は所領や公納銭を押領《おうりょう》（強い力でむりに自分のものとすること）し、一度は守護代の職を解かれてもいる。

当時、尼子氏は島根半島の東の、美保関《みほのせき》の代官職を兼ねており、船役《ふなやく》（船の出入りに課す税）を徴収していた。

通行税である「勘過料《かんかりょう》」、船荷の積み下ろしの馬の数にかかる「駄別銭《だべっせん》」、帆の大きさによって定められた「帆別銭《ほべちせん》」などが、公納銭と呼ばれるものであったが、そのあがりは莫大なものがあり、美保関だけで守護京極氏の取り分は、年間で五万疋（五百貫、のちの約五百石）あったといわれている。

経久はこれを、己れの懐へ入れ、自らの勢力拡張の軍資金にしようとしたわけだが、世の中それほど甘くはなかった。ほどなく、ばれてしまう。

考えてみれば、ここで彼は失脚して当然であった。

ところが、どうしたことか経久は、ほどなく守護代へ返り咲く。

平和裡に事は運んだ、と述べる伝承のある一方で、そうではない、とする逸話もあった。実力で二年後の元旦、追われた居城・月山富田城《がっさんとだ》（現・島根県安来市広瀬町）を、劇的な奇襲で奪回したとも伝えられている。

――いよいよ時勢も、室町時代から戦国の世へと近づいていた。

おそらく真実は、力ずくでの返り咲きであったろう。なにしろ、傲岸不遜《ごうがんふそん》を絵にかいたような人物である。

## 策略は気長に

経久は実力による出雲全域の支配を目論《もくろ》んでいたようだが、そのためには国内最強の豪族・三沢為忠《みざわためただ》を討たねばならない。が、これがなかなか難しかった。

　なにしろ為忠は、仁多(にた)地方の〝出雲鉄〟を独占していた。そのため、彼の財力は隔絶しており、その差がそのまま勢力の強弱を物語っていたといえる。

相手は超大物である。小よく大を制するのは、容易なことではなかった。まず、実戦では敵《かな》うまい。さて、経久はどうしたか。

『陰徳太平記』に拠れば、富田城奪還の戦いで活躍した、無二の股肱《ここう》＝譜代の家臣である山中勘兵衛勝重（山中鹿介の一族）と密《ひそ》かにはかり、勘兵衛が尼子の家中の沢田某という軽輩と喧嘩口論のはて、主家を出奔。為忠のもとへ逃げた、という謀略をしかけた。

以来、二年間、勘兵衛は三沢家の客将として、本心を毛ほども気取《けど》られることなく、むしろ家中で信任を得るようにつとめる。

そして頃合いをみはからい、それとなく、

「旧主経久の首を取っておみせしますので、家来の二、三百も貸してくださいませぬか」

と為忠にもちかけた。

為忠にしても、経久は目の上の瘤《こぶ》。いずれは倒さねばならない存在であった。

それならばこの機会に、と精鋭の三沢家「七手組」五百名を勘兵衛にさずけて、ひそやかに富田城の搦手《からめて》（城のうら門）へ迫ったという。

よほど勘兵衛は、為忠の信頼を得ていたようだ。

いよいよ城内の内応を受けて、こちらから城へ討ち入り、との段階になった。

すると首謀者の勘兵衛は、

「どれ、一つ、城内の様子を確認してまいる」

といい残して単身、城の方へ姿を消した。

勘兵衛を信じ切って待っていた「七手組」のもとへ、城内と背後から二千余の尼子勢が突然、湧き出て、五百の精鋭へ襲いかかったのは、その直後であった。

不意討ちを喰った「七手組」は、うち四百人を討たれるという大惨事、惨劇となった。

ここが「切要《せつよう》」（肝心要《かんじんかなめ》）であった。三沢家はこの大失態を、急ぎ挽回《ばんかい》するべきであった。

財力を傾けてでも、尼子氏に一矢《いっし》、痛打を報いるべきであったろう。

それができなければ、三沢家は自壊してしまう。これが歴史の、非情の鉄則であった。

ところが三沢家は、尼子の騙討《だまし》ちに戦意を喪失。ついには、経久の軍門に降ったという。あまりのえげつなさに、魂をぬかれたのかもしれない。

少なくとも、こんなやつとはやっていられない、と観念したのであろう。三刀屋《みとや》・赤穴《あかな》・朝山・古志《こし》といった有力国人たちも、同じように順次、尼子家の傘下に入っていく。

ただ、経久の、戦国大名を先駆けた偉大さは、このような腕力・謀略にものをいわせた領土獲得の、手腕だけではなかったところにこそ、実は真の凄味があった。

悪辣《あくらつ》非道の半面、出雲西部の名門＝幕府奉公衆の塩冶《えんや》氏に対しては、己れの三男興久《おきひさ》を養子に入れる形をとり、結果として出雲きっての穀倉地帯をも手に入れている。

そうこうするうちに、永正五年（一五〇八）十一月、ときの出雲守護・京極政経（号して宗済《そうざい》）は嫡孫の吉童子《きちどうし》の行く末を、経久と重臣の多賀経長《たがつねなが》の二人に託して身罷《みまか》った。

しかし、吉童子の消息はその後、絶えて、ほどなく出雲守護に経久が就任した。

明らかに、実力を蓄えた経久が下剋上の勢いに乗り、主家を乗っ取ったのであろう。

因幡・伯耆・安芸・石見――経久は着々と勢力を他国へ伸ばし、気がつけば冒頭でみたごとく、「十一州の太守」と呼ばれるまでに、その支配地を拡大していた。

が、好事魔多《こうじまおお》しという。

養子入りした塩冶興久が、天文元年（一五三二）八月（異説あり）に、実父経久へ叛乱に及んだ。しかし、失敗。興久は翌二年に切腹して、一件は落着する。盤石の備えを固めた経久は、同六年に家督を孫の晴久に譲った。このとき、経久は八十歳になっていた。

本来、家督を継ぐべき彼の嫡男・政久（晴久の父）は、永正十五年に戦死をとげていたため、晴久が尼子の当主となったものの、ここに一つ、経久にとっては心配ごとが芽生えてくる。

「晴久は大国の尼子しか知らぬ。はたしてこの先、やっていけようか……」

この頃、中国地方はまさに、尼子氏と大内氏の二大勢力が、国人や土豪を巻き込み、鎬《しのぎ》を削っていた。

大内氏は応仁の乱で西軍の将として活躍し、幕府の管領代として一時は幕政をも掌握。義隆の代には、周防《すおう》・長門《ながと》・備後・石見《いわみ》・安芸・豊前・筑前の七ヵ国を領有する名門守護であった。

そして、二大勢力の狭間の一つ、安芸（現・広島県西部）にあって、かつての経久と同様、自立を企てる毛利元就の存在が、徐々に大写《クローズアップ》しされつつあった。

「昔のわしを見ているような――」

経久はさすがに、元就の将来性をよく見ていた。

「できれば、懐柔して取り込みたいものよ」

と。

ところが、十七歳の血気盛んな晴久は、元就を目障りな小勢力として、これを弾圧しようとする。かつての、三沢為忠に似ていた。

「一挙に、毛利をひねりつぶす」

晴久はいうのである。

自身が成り上がってきた経久は、元就を味方に誘うことを孫にすすめるが、この大国の御曹司は聞く耳をもたなかった。

ならば仕方なし、と老練な経久は毛利氏を倒す方法を伝授する。

まず、大内側の長門・周防（いずれも現・山口県）の国境《くにざかい》に位置する石見津和野城（現・島根県鹿足《かのあし》郡津和野町）の吉見正頼《よしみまさより》（妻は義隆の娘）を攻め、大内氏の本拠・山口へ圧力をかけ、一方で備後《びんご》（現・広島県東部）へ大軍を進めて、隣の安芸の国人たちの動向を見定めるのが、まずは先決、と説いた。

そのうえで、なお元就が備後へ自立のための兵を入れたならば、すかさず出雲から別働軍をその背後へ送り、挟撃して屠《ほふ》るというのが、権謀術数に長《た》けた経久の作戦であった。

「よいか晴久、策謀はな、気長に、外堀をゆっくりと埋めていくものぞ」

孫に諭す経久であったが、晴久はこれを、大国のとるべき作戦にあらず、と拒絶する。

そして何の工夫もしないまま、暴虎馮河《ぼうこひょうが》（血気の勇にはやって）に天文九年八月、毛利氏の居城・郡山城へ攻めかかり、ここで晴久は生涯最初の敗戦を経験する。

経久は改めて、己れの作戦――気長に謀略をもちいる、を采配することを決めたが、無情にもその発効直前、ついに寿命がつきてしまった。

翌天文十年十一月十三日、富田城で経久は病没する。享年は八十四であった。

尼子家の没落は、この時から本格化した。

晴久は天文二十一年、もはや有名無実化した室町幕府より、中国地方八ヵ国の守護に任じられる。

「なんとしても、中国全域を支配下に置かねばならぬ」

晴久は勇み立ち、かつて叔父の興久が相続しながら滅ぼされた、その土地をめぐって、新たに相続した国久（経久の次男）と対立。一族の新宮党を敵視した挙句、戦力を再編するための軍資金ほしさに、自らの手で新宮党を滅ぼし、結果として尼子氏の軍事力を大きく弱体化させてしまう。

それから十二年、臥薪嘗胆《がしんしょうたん》で耐え、少しずつ領地をふやしてきた元就は、攻勢に転じ、晴久はいつしか防戦一方に立たされて苦戦しつつ、ついには四十七歳で他界してしまった。次代の、義久の代に、尼子氏は毛利氏によってこの世から消滅してしまう。

一旦とぎれた尼子氏を、新宮党の生き残りをもって、再興しようとした山中鹿介《しかのすけ》の野望も、ついには実現することはなかった。

すべては経久の唯一の失敗、孫かわいさのあまり、その教育を徹底せず、毛利元就の処遇を考え抜かなかったことが、悔やまれてならない。

しかし、歴史はくり返す。元就も嗣子《しし》隆元に先立たれ、孫の輝元をかわいがりすぎた。毛利は最盛期に山陰・山陽併せて十ヵ国を領有したにもかかわらず、苦労しらずの輝元の判断の甘さ、家臣団統率の不徹底から、ついには関ヶ原の戦いののち、防長二州に領地を減らされることになった。

こうした後継の失敗は、「令和」となった今日のオーナー企業にも、ときおり見かけるものでもある。因果《いんが》（原因と結果）はめぐる小車《おぐるま》、ということであろうか。

## 甲斐源氏嫡流、武田氏滅亡の主因
# 第四次川中島の戦いで実弟・信繁を失った武田信玄

### 「上策には下策を」と言った謙信

武田信玄と上杉謙信――この両雄が戦った、「川中島の合戦」は都合五度。そのうち、世にいう〝川中島〟は四度目＝永禄四年（一五六一）九月の決戦を指した。

八月十五日、疾風迅雷のごとく越後勢は、信越の国境を越える。途中、兵五千を善光寺に向けて兵糧輸送路を確保し、謙信自身は飯山方面から一気に、川中島の南端・妻女山《さいじょさん》に登った。彼はここを本陣として、今度こそ信玄と雌雄を決すべき、一大決戦を企てる。

しかし、越後軍の重臣・直江大和守景綱、柿崎和泉守景家たちは、この孤塁に等しい山に拠った陣立てに、大いなる不審を抱き、謙信への諫言《かんげん》を試みた。

前面に川を持ち、背後に山を持つこの立地は、まさに兵法でいう「死地」（絶体絶命の場所）でしかありません。なぜ、このようなところに陣を構えたのですか、と。

案の定、一日遅れて甲府を出陣した信玄は、当時の武田方の最大動員兵力二万をもって妻女山を囲み、一隊を分けて海津《かいづ》城を固めてしまった。

やきもきする越後軍の重臣たちに、謙信は言う。

「上策には下策をもって当たるのが、最高の良策である」

謙信はあえて不利無謀を承知で、信玄の堅固に組み立てられた戦略・戦術を混乱させ、そこに「妙機」を見いだそうと考えたのであった。

「もし、信玄がこの妻女山を囲んだまま、一隊をもって国許《くにもと》（越後）を突いたならば、何とされます」

部将たちからそう質されたときも、謙信はただ一言、

「ワレ、マタ甲州ニ馬ヲ進メン」（私もまた、甲斐国を突く）

と決意のほどを、答えたのであった。

八月二十九日、いったん包囲した妻女山から、信玄は海津城に入城している。彼も謙信

の作戦に、ようやく思いいたったのだ。このおり信玄は、茶臼山《ちゃうすやま》（妻女山から川中島を挟んで北西の山）に別働隊を残していた。これが講談本の類《たぐい》では、信玄の軍師・山本勘助の〝啄木鳥《きつつき》戦法〟となるのだが、啄木鳥《これ》は史実ではない。

両陣営は硬直状態に入ったが、雪を恐れた謙信は、ついに自ら夜間出撃を決意する。九月九日のことであった。越後軍は海津城と反対側の斜面を下る。無論、無声である。馬の口には、藁がかまされていた。一方の信玄は、一万を超える大軍の夜襲、奇襲はあり得ない、と判断し、謙信の行動を戦うためではなく、越後への帰国と受け取った。ならば上杉勢は、川中島の一番端を、夜明けとともに一気に突破するものと判断した。

だが、敵は謙信である。彼は川中島の、それも中央の信玄目指して進軍を続けていた。しかも、謙信の「下策」を支持するかのように、川中島には濃霧が発生している。

夜明け直前、謙信は紺地日の丸と「毘」「龍」の旗を掲げ、法螺《ほら》貝を吹かせ、太鼓を鳴らし、一目散に信玄の本陣めがけて突撃を敢行した。

ここに、日本合戦史上いまだかつて例を見ない、遭遇戦が繰り広げられる。

謙信と信玄の一騎討ちはなくとも、信玄の身辺、生命《いのち》が危うかったのは間違いあるまい。甲州軍団は壊滅の、一歩手前まで追い込まれる。軍勢の数では、甲州軍団の方が多かったかもしれないが、長い防御線を張ったため、一ヵ所に集中している兵数はたかが知れていた。しかも越後軍は、奇襲戦法で勢いに乗っている。

信玄は〝むかで衆〟（伝令）を各部隊に派遣し、茶臼山の援軍がまもなく到着する、それまで持ちこたえよ、と厳命した。そして自身は、山のごとくに動かなかった。

やがて巳《み》の刻（午前十時）、甲州軍団の別働隊が川中島へ到着した。彼らは前夜の越後軍の動きを知らず、夜明け頃、遥か遠くに鬨《とき》の声を聞き、慌てて駆けつけてきたのだ。

別働隊の側面からの突撃によって、流れが変わった。合戦にも、潮時がある。

だが、さすがに謙信は名将であった。越後勢が逆転、崩壊に追い詰められる前に、素早く全軍を掌握するや、国許目指して一気に帰還を決行した。

## 甲州軍団〝ナンバー2〟の死

この決戦は戦術上、前半が謙信の勝ち、後半が信玄の勝利となった。

しかし、双方で三千人を超える戦死者を出し、歴戦の将士を失ったことでは、共に失敗であったといえよう。では、第四次川中島の合戦は戦略上、引き分けになるのだろうか。

謙信は九月十三日、この戦いで軍功のあった者へ、俗にいう〝血染めの感状〟と呼ばれる判物を与えている。

「凶徒数千騎を討ち取り、大勝」

と感状にあるが、この度の合戦には恩賞となる物質的な裏付けがなかった。

一方の信玄はどうか。十月十一日に土屋豊前守に感状を出しているが、水内《みのち》郡和田（現・長野市東和田と西和田）、長池（現・南長池と北長池）で二百貫（年収約八百八十万円、一貫文＝約四・四万円）の土地を与えている。具体的な恩賞があり、しかもこの土地は従来、謙信の勢力圏にあたる川中島の北部であった。

川中島の土地は、最終的に寸土を取り込むように手放さなかった、信玄のものとなったことは間違いない。

では、信玄の勝ちであった、といえるかとなれば、筆者はそれを否定する。

第四次川中島の合戦は、明らかに信玄、ひいては甲斐武田家の大いなる敗北であった。

なぜか。それまで甲州軍団を〝統御〟してきた信玄の実弟・古《こ》典厩《てんきゅう》信繁《のぶしげ》を、戦死で失ったからである。

この合戦の最中、信繁だけが武田方の、他の部将とは異なる戦い方をしていた。突撃し

てくる越後軍に、甲州勢の各部隊が迎撃して、かえって討ち負かされたのとは裏腹に、信繁の部隊は全員が槍をそろえ、ただ信玄の本陣の防御を固めることにのみ終始している。

数の上では、甲州側が勝《まさ》っていた。時間を稼げば、茶臼山の別働隊がやってくるに違いなかったから、地歩を固めて信玄の死守に専念すべきだ、と信繁は判断したのであろう。

だが、不意を衝かれた甲州軍団は、いつものような的確な対応ができなかった。

信繁はせめて己れが采配する部隊だけは、信玄の前衛に展開し、大将を守り抜く覚悟を決めていた。そして自らが信玄を名乗り、敵を一身に引き付けて壮烈な戦死を遂げている。

途方に眩れる信玄に、その師僧・快川紹喜《かいせんじょうき》和尚も合戦のあと、書状を送って、次のように弔意を述べていた。

「そもそも典厩公の戦死は、惜しみても尚《な》ほ惜しむべし、蒼天（ああ仏よ）」

確かに、惜しんでも惜しみ足らない価値が信繁にはあった。

余人をもってしては替えようのない、甲州軍団の〝ナンバー2〟の死。その値打ちが明らかになったのは、皮肉にも当の信繁が没してのちのことであった。

彼の死後、甲州軍団の〝統御〟は、大まかには信玄が直接関わり、細部については宿老の内藤昌豊《まさとよ》（昌秀《まさひで》）と、次兄信繁と比べれば力量のやや乏しい下の弟・信廉《のぶかど》と、〝次期ナンバー1〟の信玄の嫡子義信が分割して担当した。

彼らはそろって、いわば実力派の取締役、常務や専務ではあったが、昌豊は占拠地での〝統制〟に関わることが多く、義信はいうまでもなく次期ナンバー1という立場にあり、それだけに次代に栄達を求める人々が周囲に参集していた。派閥が生まれる。

それは早晩、現トップとの対立を生みかねない危険性をはらんでしまう。

最終調整者＝信繁を失った武田家は、柔軟性を欠き、脆弱《ぜいじゃく》になっていく。

やがて信玄と義信は、方針を巡って対立。信玄は嫡子を死す。

筆者は信繁の死が、武田氏滅亡の主因だった、と考えてきた。

信玄は第四次川中島の合戦の十二年後に、五十三歳でこの世を去り、謙信は十七年後、四十九歳で他界している。両雄がもし、出会わなければ……とも、ふと思ったが。

孫では間に合わない

# 文武の若武者、信親を失った長宗我部元親

## 〝四国の覇王〟となり得た原動力

戦国武将・長宗我部《ちょうそかべ》元親《もとちか》は、土佐の小領主から身を起こし、土佐一国を平らげて、ついには四国全土をほぼ一代で征服した英傑である。

中国地方の毛利氏、南九州の島津氏と並んで、西日本三大勢力の一つに数えられるまでにのし上がった。戦国の四国出身者で、元親の偉業に迫り得た人物はいない。

彼は一際《ひときわ》輝く、明星であったといえる。

しかもそのスタートは、土佐国内の岡豊《おこう》（現・高知県南国市）に三千貫（一貫文＝約四

万四千円）の知行をもつ土豪にすぎなかった。

土佐は背後に四国山脈が聳《そび》え、前方に太平洋の荒波がうずを巻いている。日本の〝文明〟は山脈の向こう側にあり、土佐は平安時代から流罪となった人々が送られる僻地でもあった。明らかに〝文明〟の光は中央に比べてか細く、戦国時代ですら後進地であったことは否めない。何しろ豊臣秀吉の小田原攻めのおり、まだ長宗我部家の将士は馬に鞍《くら》を乗せることを知らなかった。彼らはなんと、裸馬に乗っていたのである。

鉄砲の数も九州や中国地方に比べて、大きく後れを取っていた。すべては四国山脈と太平洋によって、遮断されていたといってよい。

その不利を背負う元親が、それでも〝四国の覇王〟となれたのは、なぜであったか。

原動力は二つ。一つは「一領具足《いちりょうぐそく》」といわれた独自の兵制にあり、もう一つは圧倒的に不利な地域にあることを自覚した、元親の徹底した情報収集による外交戦であろう。

この二点において彼は、他の四国の戦国武将たちに比べ、際立って相違していた。

信濃から流れてきたとされる長宗我部氏は、元親の父・国親《くにちか》の代に、落ち目の家をどうにか支え、劣勢を跳ね返すことに成功した。そして、ようやくこれから攻勢に転じる、という矢先に、土佐国内で大きく勢力を伸ばしていた本山茂辰《しげとき》との戦いの最中、肝心要《かんじんかなめ》の国親が、唐突に戦死してしまう。

跡を継いだ元親は、〝背が高くて色白〟であり、性格は内向的。そのため家臣たちからは、「姫若子《ひめわこ》」と陰口をきかれるありさま。とても、のちの荒々しいイメージとはほど遠く、初陣も永禄三年（一五六〇）五月、二十二歳と遅かったことから、茂辰にすれば、元親は組みしやすし、となめてかかった戦いで、小よく大を制すのゲリラ戦を元親は展開。みごと、初陣を勝利で飾っている。しかし翌月、父の国親が急死した。

のし上がるには、自らより大きな勢力を併合していかなければならない。

もっとも、真正面からの戦《いくさ》では、勝目がない。元親は常に、情報戦で大敵に優越した。

土佐国司の一条氏と対峙《たいじ》したときも、当主兼定《かねさだ》が人望のある家老を手討ちにしたことを知ると、一条家の家臣団を懐柔し、兼定を隠居させて、その嫡子・吉房子《きっぽうし》を当主に据え、その妻に自らの娘を娶《めと》わせて、事実上、土佐一国を掌握している。

天正三年（一五七五）、元親が三十七歳のときのことである。

四国全土の制覇を目指す彼は、中央に細心の注意を払い、勃興した織田信長に対しては、徹底した〝親和〟外交を展開した。その証左に、織田家の窓口であった明智光秀とも好誼《よしみ》を通じ、自らの妻もその光秀の重臣・斎藤内蔵助《くらのすけ》利三の異父妹＝石谷光政《いしがいみつまさ》の娘（諸説あり）

をもらい、このルートから、光秀の上にいる信長の、〝天下布武〟の進捗状況を把握していた。ちなみに、内蔵助の娘・お福がのちの春日局《かすがのつぼね》である。

元親は四国平定の許しを信長に請い、嫡子・弥三郎に信長の一字を貰って「信親《のぶちか》」と名乗らせる演出も行っていた。

もっとも、信長は途中で元親の四国平定を許さない方向に転じ、ゆくゆくは自らの武力で四国を平らげるつもりであったが、その信長の予想を超えて阿波（現・徳島県）をはじめ、近隣への、元親の攻略は凄まじいスピードで進められていく。

このおりに活躍したのが、前述の「一領具足」であった。

ふだんは農業に勤しみながら、田畑のあぜ道に槍の柄に草鞋《わらじ》や兵糧をくくりつけ、武具を一式整えておいて、いざ合戦の触れがでると、鍬《くわ》や鎌を投げ出し、その場から戦場へ駆けつけるという方式である。これが精強長宗我部軍団の、中核を成していた。

## 己れの限界を知り、未来を読む

信長の膨張と、讃岐（現・香川県）の十河存保《そごうまさやす》や阿波の三好康長の、信長への働きかかけにより、四国平定に王手をかけた元親は、一時、織田家と交わりを断つ。

このことが、〝本能寺の変〟の光秀に引き金を引かせた、などと真《まこと》しやかにいう向きもあったが（無論、創り話）、史実の元親は信長の命令に従い、土佐一国に戻る決断をしている。そこへ、本能寺の変が起き、信長が光秀に討たれると、元親はこれ幸いにと、改めて四国制覇を加速させる。

阿波に出てきた十河氏を攻め、勝端城《しょうずい》（現・徳島県板野郡藍住町《あいずみ》）を落とし、岩倉城（現・同県美馬市《みま》）を取り、瞬く間に阿波を統一。讃岐の十河城（現・高松市）も陥落させた。

ところが、逃げ場を失った存保が、今度はときの権力となっていた羽柴秀吉に救援を請う。もともと、元親の織田家の窓口《パイプ》は光秀であり、彼を滅ぼした秀吉と元親は組むことができなかった。織田家の重臣・柴田勝家も秀吉に敗れると、元親は徳川家康と織田信雄《のぶかつ》（信長の次男）の連合軍側につく。

この判断は間違っておらず、元親は四国全土をその勢力下にほぼ治めることができた。が、信雄が秀吉と単独講和をしたことから、家康もその後、秀吉に膝を屈するはめとなり、元親は秀吉と真正面から戦う仕儀《しぎ》（事のなりゆき）となる。

天正十三年（一五八五）、総勢十二万三千の大遠征軍が四国へ押し寄せてきた。元親は

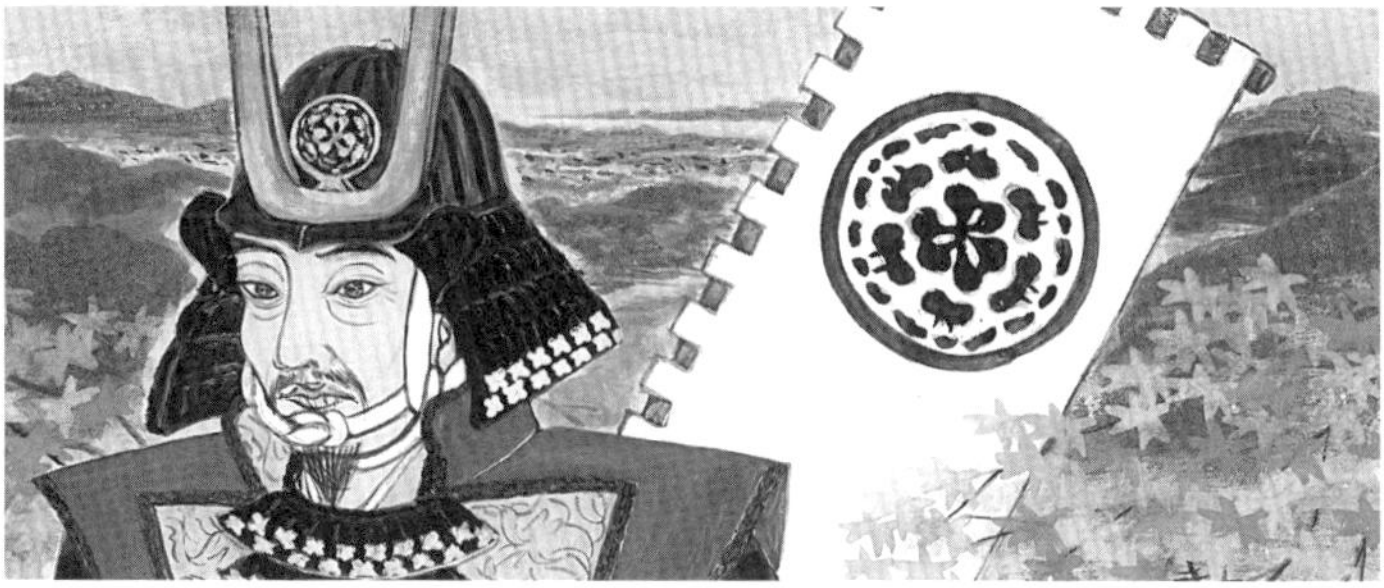

地の利は我にあり、とは思ったものの、圧倒的な敵兵力の前には、「一領具足」がいかに巧みな奇襲戦を敢行しようと、最終的に勝てる道理はなかった。

すべては外交、情報戦であったが、中央に懸命の目配りをした分、元親の目は九州、中国地方に疎《おろそ》かとならざるを得なかった。いまさら、九州、中国へ同盟工作をしようにも、時間がなかったろう。

抗戦しつつ外交＝講和をさぐり、元親は滅亡をどうにか免れて、なんとか土佐一国を安堵される結果を手に入れた。

彼は阿波・讃岐・伊予の三国を返上させられながらも、実はまだ、自らの野望は諦めてはいなかったのである。かつて自らが父の遺産を引き継いだように、最愛の息子・信親の将来に、元親は大いなる期待を懸けていた。

確かにこの後継者は、父が己れの夢を託すだけのことのある、文武に恵まれた若武者、名将の器であった。ところが天正十四年、秀吉による九州征伐のおり、戸次川《へつぎがわ》の合戦に参加し、この信親は無情にも戦死してしまう。享年二十二。

一度に八人の敵を斬り伏せたという、みごとな武将ぶりであったと伝えられている。

「弓箭《きゅうせん》を執《と》るの家、戦死を以《もっ》て栄《さかえ》と為す。悔い思ふべきにあらず」（『名将言行録』）

と家臣には言ったものの、このとき恐らく元親は、己れの限界を思い知ったのではあるまいか。四国へ戻った彼は、次男親和《ちかかず》、三男親忠《ちかただ》を差し置いて四男盛親《もりちか》を嗣子に定めた。しかも、この決定に反対する家臣は粛清し、長宗我部家を再編成している。幼子《おさなご》を哀れみ、慈しんだものか、あるいはもう一度、死んだ信親を、少年の盛親を使って、己れの手で育て直してみたい、再現したい、と元親は考えたのかもしれない。

しかし、慶長四年（一五九九）五月、元親は六十二歳でこの世を去ってしまう（異説あり）。その翌年に、関ヶ原の戦いが勃発した。父を失った盛親は、情報収集をせぬまま、寄らば大樹のかげで、大国毛利氏を当てにし、西軍について土佐一国を失ってしまう。

やはり信親が戦死したとき、元親の野望は潰《つい》えた、とみるべきであったろうか。

盛親は大坂の陣に大坂城へ入城、慶長二十年（一六一五）五月十五日にこの世を去っている。享年は四十一であった。

第五章

# 思い込みを省みない一徹者

柴田勝家　かめ割

多勢が勝つの思い込み

# 情報戦を軽んじた今川義元

## 信長、生涯最大の危機

戦国武将・織田信長が、辛《かろ》うじて尾張（現・愛知県西部）一国を統一した頃、その身辺に、生涯最大の危機が訪れようとしていた。

〝東海一の太守〟といわれ、駿河（現・静岡県東部）、遠江（現・静岡県西部）、三河（現・愛知県東部）の豊潤な地方を支配する、名門の十一代当主であり、武将としても一流の今川治部大輔《じぶのたいふ》義元《よしもと》が、いよいよ上洛戦を敢行しようとしている、というのだ。

三河の先には、尾張がある。今川家は室町幕府の足利将軍家に次ぐ名族の出自であり、のちの総石高に直せば、百万石を超える国力を持っていた。その動員兵力は常時、二万五千をくだらない、といわれていた。

義元上洛の噂は、尾張の鳴海城に拠る山口教継《のりつぐ》―教吉《のりよし》父子を信長から離反させる。信長にすれば、出鼻を挫《くじ》かれたようなものだ。それ以前、彼は永禄元年（一五五八）三月に、尾張の品野城（城将は義元の部将・松平家次）を攻めて失敗している。これまでの今川方との小規模な戦闘でも、軍装備、兵員数の点からも、今川勢にかなわぬことが多かった。

――局面打開に、信長は一計を案じる。

家臣・森可成《もりよしなり》を商人に仕立て、義元の本拠地・駿府城下へ潜入させ、噂を流させた。

「左馬助（山口教継）は偽って、今川のお屋形《やかた》さま（義元）に味方しているだけだ。お屋形さまが尾張へ攻め込めば、信長と計って挟撃する手筈《てはず》を整えている」

可成は、この噂を今川家の家臣団に浸透させるため、山口父子の筆跡をまねた偽の手紙まで用意し、あえてそれを落として今川家の家中に拾わせたという。

義元はこの根も葉もない流言を、最初は撥《は》ね付けていたが、ついには信じてしまった。

山口父子を駿府へ召し出すと、「忠節の褒美はなくして、なさけなく無情親子共に腹をきらせ候」――まんまと、信長に乗せられてしまったのである。

真偽のほどは定かではないが、信長のことである。切迫した義元の上洛を前に、なんの策も講じず、手をこまねいていたとは考えられない。否《いな》、むしろ信長の指針は、「戦いにおける勝敗は、七割がた戦場に着くまでに決している。戦場に出ての純粋な勝敗は、三割ほどしかない」という慎重さ、柔軟《フレキシブル》な行動原理にこそあった。

――さて、桶狭間の戦いである。

公称四万七、八千――実数二万五、六千の今川軍が、この戦いでわずか三千弱の織田軍に敗れ、主将の義元が首を取られるという、考えられない結末となった。

義元の敗死には、結果論としていくつかの指摘が可能である。けれども、一言で敗因を語るとすれば、やはり義元が情報伝達《コミュニケーション》の重要性を認識していなかった、ということに尽きよう。義元は圧倒的な装備と兵力を背景にしていたことで、終始、信長のことを積極的に知ろうとはしなかった。

あるいは、信長に己れを置き換えて、自分ならどうするか、の考察を怠ったか。否、常識――習慣・慣例――の線で考えたのかもしれない。それがかえって、よくなかったのだろう。なにぶんにも、相手は尋常な男ではなかったのだから。

今川義元はけっして、凡将ではない。むしろ業績からみれば、武田信玄・上杉謙信以上

に優れた名将であった。そうでなければ戦国乱世の中、下剋上を抑えて守護大名家の体面を維持し、さらに領土を拡張して、上洛戦を敢行することなどできなかったにちがいない。教養、兵法、政略、展望などあらゆる面で、信長など問題外であった。にもかかわらず、義元は敗死した。なぜか。

## 「非常識」が「常識」に勝つ

義元と信長の差異はつまるところ、情報に対する判断を習慣・慣例におくか、本質で捉えるか、の二者択一にあった。習慣・慣例は見方を変えれば、筋目《すじめ》の正しい武士に置き換えられるかもしれない。本質は、いうなれば秀吉に代表される氏素姓もない卑賤《ひせん》あがりの雑兵、野武士と考えてもよい。

武士は当然ながら戦術にあかるく、戦闘の技術に熟練し、集団行動も規律正しく勇敢である。彼らは合戦の専門家として有能だが、それだけに己れの力量を常に勘定し、できることとできないこと、可能と不可能の境界線を無意識に引いてしまう癖があった。

この線引きはつまるところ、自己の限界設定になってしまう。つまり、自己の容量を定めてしまうため、この枠を越えることができない。情報分析・認識の限界といってよい。

敵が大軍なら籠城しかない、と即座に判断を下すようなものだ。

ところが、野武士は違う。まともな学問や武術などしたことがなく、常に実地の経験だけを頼りに生きてきた彼らは、困難に追いつめられると、普通の人なら考えつかないような奇想天外な発想を生み出した。そうしなければ、生き残れなかったであろう。

歴史を見渡してみると、洋の東西を問わず、時代の転換期には地頭《じあたま》はいいが、学問をしたことがない、といった型《タイプ》の人物が、かならずといっていいほど登場した。考えてみれば、これほど恐ろしい人間もなかったろう。なにしろ彼らには、可能と不可能の垣根がなかったのだから。あるのはただ一つ、やらねばならないという必然性だけであった。信長が生き残り、義元が敗亡したのも、つまるところここに原因があったといえそうだ。

信長は戦勝後、義元の居場所を通報した梁田《やなだ》政綱《まさつな》を第一の功、義元に一番槍をつけた服《はっ》部《とり》小平太《こへいた》を第二の殊勲、そして義元の首級をとった毛利新介《しんすけ》を第三の手柄とした。

これも、信長ならではのことであった。慣例では、義元の首をあげた毛利新介が第一の功となるはずであった。次は一番槍をつけた服部小平太であったろう。他の大将なら、梁田はさほどの恩賞はもらえなかったに相違ない。信長は「情報最優先」の姿勢をうちだし、これまでの合戦に前例のない合理的な判定を下した。

もう一つ、大切なことがあった。

信長が義元を捕捉しようと懸命になっているあいだ――ざっと十四時間――信長方の動向が、ついぞ今川方に知られなかったことだ。清洲から熱田、善照寺、中島砦などを彷徨《さまよ》い、ようやく田楽狭間にたどりついた信長の軍勢は、この間、尾張の領民から離反者、すなわち今川方への内報者を出さなかった。

――これは、特筆すべきものがある。

この時代は家臣が平気で主君を見捨て、領民がいつ領主を裏切ってもおかしくはなかった。たいていの合戦には、必ずといっていいほど、褒賞目当ての〝注進〟＝密告があったものだが、義元のもとへ信長の動向を知らせた尾張領内の者はついに出なかった。

信長は情報の管理・運営においても、義元を凌《しの》いでいた。心中の恐怖、危機意識の大きさが、それを徹底させたのであろう。学びたいものだ。

新たな時代到来の不覚

# 織田家の行く末を考え、足をすくわれた柴田勝家

## 「かめ割柴田」の実像

日本人に、豊臣秀吉＝太閤さん好きは少なくない。

そのためであろう、秀吉と戦った柴田勝家は最初から分が悪かった。

が、筆者は織田信長が頼りにしていたこの大番頭が、決して嫌いではない。

もとは信長の弟・信行（正しくは信勝《のぶかつ》、のち信成）の家老であり、信長を殺すべく計ったが失敗。勝家はこのとき、信長の凄さが理解できたようだ。

剃髪して信長に降参し、詫《わ》びたところ、人物評価の厳しいあの信長が、勝家を許し、信

行の死後、近臣に取り立てている。最終的には、筆頭家老の地位に据えた。

これはよほど、武勇・能力・性格において、勝家に見るべきものがあったからだろう。

とくに〝鬼柴田〟と形容されるように、勝家には前線の指揮官としての印象《イメージ》が強かった。

——次のような、挿話がある。

信長に先陣の大将を命じられた勝家は、なかなかそれを受けない。

固辞したが許されず、しぶしぶ引き受けて御前を退去したところ、信長の近習《きんじゅう》に出会いがしらにぶつかった。

ところが、相手の武士は詫びもせず、行き過ぎようとするではないか。勝家はこれを、一刀のもとに斬り捨てた。

当然のごとく信長は怒り、勝家を詰問する。このとき勝家は、

「先陣の大将たる者、威権なき時は下知（さしず）行わざるものなり」（『信長公記《しんちょうこうき》』）

といったという。

織田家では信長のみが畏敬されており、それ以外の部将は軽んじられる傾向にあった。これでは先陣の大将を引き受けても、将卒が命令を聞かない、だから断わりたかったのだ、と勝家は抗弁した。信長はその言い分を了承し、指揮官の重みに気を使ったという。

元亀元年（一五七〇）六月、近江の長光寺城《ちょうこうじ》（現・滋賀県近江八幡市）にあった勝家は、六角承禎《ろっかくじょうてい》に城を包囲され、水の手を切られて、絶体絶命の危機を迎えた、という逸話があった。

このとき勝家は、居間の縁に水の入っている甕《かめ》三つを並べ、籠城中の将兵に告げる。

「城の水は、これかぎりない。このままでは、われらは渇死《かつし》するだろう。同じ死ぬなら武士らしく、いまだ力の尽きぬ前に、城外へ打って出たいと思う」

そういって、各々に一杯ずつ柄杓《ひしゃく》で水を飲ませ、水が残っている甕も含め、三つを潔く打ち砕くと、勝家は決死の城外戦に突撃を敢行した。

彼には将士を奮い立たせる、武将としての魅力があったように思われる。

結局、必死の柴田勢は、この窮地を脱して勝ち鬨《どき》をあげている。

「かめ割柴田」

との異名が生まれたのは、この時のことである、とか。

武勇、胆力、智略にめぐまれた勝家は、その後も織田家の筆頭家老として、信長の〝天下布武〟を助けて各地を転戦。とくに、織田家の北陸方面軍を率いて大活躍している。

天正元年（一五七三）八月、信長の越前・朝倉義景征伐に際しては、戦後に越前守護を賜り、北ノ庄城（現・福井県福井市）に居城を持つ分限となった。

このまま信長が天下を統一していれば、勝家はその大番頭として、幸福な晩年をおくれたにちがいない。

ところが、降って湧いたように〝本能寺の変〟が勃発した。天正十年六月二日のことである。信長は波瀾に満ちた、四十九年の生涯を閉じる。

本能寺の異変を京の妙覚寺で知った嗣子の信忠も、父の救出に向かったものの、途中でその落去を知り、すぐ近くの押小路室町《おしのこうじむろまち》にあった二条御所（新御所）に移って、ここで逆臣・明智光秀軍と戦い、自刃してしまう。こちらの享年は、二十六。

ここで織田家の信長―信忠という主君二代は絶えた。

信忠の子・三法師《さんぼうし》（のち秀信）は幼すぎて、乱世の最中の主君とは考えられなかった。

この悲報を三日に知った、織田家の中国方面軍司令官の羽柴（のち豊臣）秀吉は、備中高松城攻めを、対峙する毛利氏との間で講和を結んでおさめ、信じられない素早さで、山陽道を駆けのぼり、〝中国大返し〟をやってのける。

が、〝筆頭〟の勝家はこの重大な主殺しの仇討ちに出遅れてしまった。

## 勝家、あえて好機をのがす

主君の仇討ちをする条件としては、秀吉よりも勝家の方が有利であったかもしれない。すでに富山城を落としていた北陸方面軍は、富山湾伝いに進軍し、上杉方の魚津城（現・富山県魚津市）を囲んでいた。この城は越中の松倉城（現・富山県魚津市）とともに、上杉家にとっては織田軍北上を阻止する、切り札のような存在であった。

しかも、海岸線を確保する意味合いでも、魚津は重要な城であり、この抵抗線を突破されれば海上交通は遮断され、上杉家は兵站線《へいたん》を切られたあげく、制海権を失い、越後に孤立しかねなかった。そうなれば、上杉家は本国越後に織田軍を迎え入れて、防戦するしか方法はなかったであろう。

このとき、すでに名将上杉謙信はこの世になく、後継者の景勝の代となっていた。だが、この大切な魚津城も、富山城の陥落で意気消沈。そこへ織田家の北陸方面軍が全力をあげて攻撃をしかけてきたのである。

少し前、織田軍による武田勝頼の滅亡を知った上杉家は、ひきつづき織田軍――正確には森長可《ながよし》の軍勢――が、信濃の海津口へ進もうとしているのを探り出す。

「本国越後が危ない」

そう判断した上杉家は、軍を越中からひいた。魚津城は孤立無援となる。陥落したのが六月三日。城将の山本寺《さんぼんじ》景長《かげなが》、中条景泰らは討死。一説には勝家が和睦すると城方を油断させ、いっきに攻略したともいう。勝家らは、つづいて松倉城を攻囲した。

そこへ、〝本能寺の変〟が伝えられる。六月四日のことであった。

——まさに、青天の霹靂《へきれき》といってよい。

北陸方面軍は動揺したものの、勝家はすぐさま松倉城の囲みを解いて、一度、各々の城へ戻る命令を下した。

後世からふり返れば、勝家の大失態となる決断であったといってよい。

『昔日北華録《せきじつほっかろく》』（加賀の俳人・堀麦水《ほりばくすい》のよる史録）に拠れば、このおり北陸方面軍では、主君信長の横死により、中国の毛利氏と越後の上杉氏が、これを好機とばかりに、討ちかかってくるに違いない、との論が起きたという。

毛利は羽柴秀吉が対峙しており、場合によれば丹羽長秀も助勢するであろうから、心配はない。

問題は、われらが相対している上杉だ。すぐに反撃してくることはないだろうが、一先《ひとま》

ず各人がそれぞれの領地へ戻って、備えの体制を固め直し、越後勢を防ごうではないか、と勝家はいい、最後に、

「光秀を討つのは、その後でもよい」

と結論づけた。

諸将は、この意見に賛同したという。

つまり、北陸方面軍はこの時点で、織田家の安泰を最優先に戦略・戦術を策定していたことが知れる。信長の死が、再び乱世の勝ち残り合戦——秀吉の織田家簒奪《さんだつ》につながる、との認識は持っていなかった。

迂闊《うかつ》といえばそれまでだが、織田家の家臣の中に、主家を奪おうとする者がいる、という考えそのものを、勝家は想像もしていなかったのではあるまいか。

だが、秀吉は違った。

〝中国大返し〟を行う以前から、信長—信忠父子が死去したことを知った時点で、胸中深く、主家簒奪を考えていたようだ。そのためにも、光秀をいそぎ討たねばならなかった。

十一日後の六月十三日、秀吉は山崎の合戦において、光秀を討ち滅ぼした。

もしも、〝本能寺の変〟を知った勝家が、急ぎ使者を景勝におくり、

「主人の弔い合戦のため引き返す。落着のうえは、再び対陣に及ばん」

そう口上すれば、義将謙信の後継者たる景勝は、一時の和睦に応じたかもしれない。

この人物は関ヶ原の合戦のおりも、独自の倫理観＝上杉は逃げて行く敵を、背後から討たぬ、をふりかざして、上杉征伐にやってきながら反転した徳川家康を、うしろから襲わなかった。可能性は、なくはなかったろう。

和睦がなれば、勝家はそのまま諸将をひきいて南下すればよい。まだ、光秀は安土城にいたはずである。攻囲のうちには諸所の織田軍も合流してくる。

そのうえで光秀を正々堂々と討てば、織田家における勝家の地位は不動となり、秀吉の天下人の可能性はここで潰え去ったはずであった。

撤退の途中、勝家は放生津《ほうじょうづ》（現・富山県射水市）で方面軍の諸将と宴《うたげ》を催し、余裕のあるところをみせて、自らは北ノ庄へ戻っている。

## 無念の最期

織田方は六月八日までに魚津からの撤収を完了したが、勝家指揮下の前田利家は、すでに五日には居城・七尾城に帰城していたようだ。彼はすでに、能登一国の国持ち大名となっていた。自領の防衛を考慮しつつ、利家は思った。

「世の中がかわる」

これだけは確かで、己れの本来の功名、栄達、名誉は、現時点で「お親父《やじ》さま」＝柴田勝家が握っている、そうした自覚は織田家北陸方面軍の誰しもがもっていたはずだ。

勝家が織田家をまとめあげれば、自分たちの栄達は期して待つべし、であった。

利家の家臣・村井長頼の覚書に拠れば、帰城した利家は北ノ庄の勝家に書簡を送り、

「ともに逆臣光秀を討ちましょうぞ」

と申し入れるとともに、自軍の兵を加賀の高松まで進め、利家自身も小松まで進軍した、とある。にもかかわらず、尾山の佐久間盛政が領地通過をはばんだために引き返した、というのだが、この話はそのままにはいただけない。

この時期の利家には、主君の仇討ちを上司に呼びかける余裕などはなかった。

滅亡の淵に追いつめられていた上杉家が、信長の死で息をふきかえし、一転して強気の攻勢に転じてきたからである。

「能越へ進攻する」

主将景勝は、北国中の土豪や地侍に決意のほどを告げ、旧知行地の奪還を求めた。京都にあった光秀からは、上杉家と挟撃体制をとる、との約定も景勝のもとへ送られてきていたのである。能登は、国中が一触即発の状態となった。

なかでも利家を苦しめたのが、能登守護の畠山氏の遺臣である、老臣・温井《ぬくい》景隆と三宅長盛の兄弟で、彼らはこれまで上杉家の保護をうけてきたが、越後兵を借り、失地回復の好機と軍船三艘に分乗して、越中氷見《ひみ》郡（現・富山県氷見市）の女良《めら》浦へ上陸。先に滅ぼされた遊佐一族の残党も語らい、能登の石動山天平寺《せきどうさんてんびょうじ》の般若院快存《はんにゃいんかいそん》や大宮坊立玄《おおみやぼうりゅうげん》、大和坊覚笑《かくしょう》などとも合流している。

利家にとっては、まさに人生の「死地」であったといってよい。

さて、どうするか。利家は慎重策を採用し、勝家と盛政に援軍を依頼している。主君の、仇討ちどころではなかった。

利家は二千六百の兵を率いて、七尾より出陣し、越中に入る国境《くにざかい》である荒山と、石動山の中間・芝峠に進出、敵の分断をはかっている。

一方、佐久間盛政の援軍二千五百は、素早く鹿島郡高畠（現・石川県鹿島郡鹿島町）へ進軍し、部下の種村三郎四郎を先陣に荒山の敵陣地へ攻撃を開始した。

石動山大行院の東谷と仁王門とを不意討ちにおそった前田勢は、天平寺に攻め込み、伊賀者五十人を使って伽藍に放火し、僧兵を皆殺しの勢いで殺傷していった。

南北朝の建武二年（一三三五）の兵火以来、二百四十七年、営々として栄えてきた一山三百六十余坊は、ほとんどが灰燼《かいじん》に帰した。

利家は自領を守って一息ついたが、勝家はあたら好機を失ってしまう。

その結果、織田家の跡目相続に、血統、力量から信長の三男・信孝を推しながらも、主殺し光秀征伐の功労者である秀吉に、清洲（州）会議をリードされることとなる。

絶世の美女と称せられた、信長の妹・お市の方（ときに三十六歳）を妻に迎えたものの、翌年の秀吉との覇権争いに敗れ、天正十一年（一五八三）四月二十四日、北ノ庄にて自刃する羽目となった勝家の享年は、六十二と伝えられる。

天下を取った秀吉は、種々の太閤記などのおかげもあり、後世のイメージを良くし、仇役をふられた勝家の評価は、いまだに芳しくない。

これは歴史を、結果でしか捉えない、弊害の一つであったのだが……。

# 〝中立〟はなかった
# 勇ましさに流された長岡藩士・河井継之助

## 謙信以来と敬慕された英傑

文政十年（一八二七）正月元旦、今日なお、賛否両極端の幕末の英傑・河井継之助《かわいつぎのすけ》が越後長岡（現・新潟県長岡市）に生まれている。

家は代々、越後長岡の藩士で、百二十石を拝領。父・秋紀《あきとし》は、藩の勘定頭をつとめていた。温雅な風流人であり、継之助はこの父よりもむしろ、母を恐れたといわれている。その教養も、母の感化が大きかったようだ。

継之助の少年時代に、次のような挿話《エピソード》が伝えられている。

馬術を三浦治郎平に習っていた継之助が、あまりにも乱暴に馬を乗り回すので、師の三浦から注意を受けた。

「そのような乗り方では、法にかなっていないから、早々に改めるべきだ」

すると継之助は、

「乗馬は駆ける術《すべ》と、止まる術さえ弁《わきま》えておれば、それでよいのです」

と答えたという。

生来、強情で人に負けるのを極端に嫌った継之助が、志を立てて江戸へ出たのは嘉永五年（一八五二）の秋のこと。江戸では古賀茶渓《さけい》の「久敬舎《きゅうけいしゃ》」で漢学を学び、海外事情の研究をはじめたものの、翌年の六月にペリーが日本へ来航した。

当時、老中の要職にあった藩主・牧野忠雅《ただまさ》に、継之助は藩政を論じた献言書を上呈し、このことがのちに、彼をして藩政に参与させる端緒となった。

継之助は彼は新知三十石を給されて、藩の御目付格評定方随役となり、一度は上司とあわずに辞職。後世に「日本のケインズ」と呼ばれることとなる財政家、備中国松山藩（現・岡山県高梁市）の山田方谷《ほうこく》に財政再建策を学び、長崎に遊学して、文久元年（一八六一）に長岡へ戻った（前年とも）。慶応元年（一八六五）、郡奉行に登用され、翌年には町奉行を兼ね、慶応四年には家老から家老上席へと昇進している。

継之助は鋭意、藩政改革に尽くしたが、そのうちの顕著なものに、賭博の禁止、遊郭の廃止、河税の廃止、寄場の新設、兵制の改革などがある。

わけても藩内禄高の改正には、目を見張るものがあった。継之助は、

「千石の士といえども、君に報ずるところは首一つ。百石の士の君に報ずるところも、また首一つである」

といって、二千石は半減して千石に、三十石は加増して五十石とした。

これは武士としての矜持《きょうじ》を失った上級藩士に活を入れ、軽輩者にはやる気を起こさせることが目的であったが、一応の成果はあがったようだ。

過ぎる慶応三年十月、徳川十五代将軍慶喜が政権を朝廷に返上し、十二月には王政復古の大号令が発せられた。

継之助はこうした政局の中、

「朝廷、旧幕府のいずれに与《くみ》することなく、人道の義理に徹し、譜代大名たる牧野家こそが、公・武の間を周旋し、内戦の勃発を阻止すべきである」

と説いた。

慶応四年正月三日、鳥羽・伏見に轟《とどろ》いた砲声は、五月に入り北越戦争となって、中立を堅持する継之助の努力も空しく、長岡藩を戦火の中に巻き込むこととなる。

五月二日、官軍＝東征軍が長岡を隔《へだ》てる四里の地・小千谷《おぢや》に迫ってもなお、継之助は官軍本営に乗り込み、率直に中立を表明する。

官軍からは献金や出兵の要請がなされるが、ことごとくを辞退したい、と掛け合った。しかし、それらは容《い》れられるはずもなく、翌三日、長岡藩は官軍と対峙《たいじ》することとなる。

この北越戦争に、七万五千石の小藩が四ヵ月余りも、官軍の攻撃を耐え得たのは、一《いつ》にかかって継之助の優れた統率力と用兵の才にあった、といっても過言ではあるまい。

だが彼は、流弾によって肩と脛《すね》を貫かれ、再起を期して会津に通じる八十里峠を越える途中、

八十里こし抜け武士の越す峠

と自嘲しながら、八月十六日、ついに帰らぬ人となる。ときに四十二歳であった。

## 米百俵の真実――小林虎三郎

さて後世、作家・山本有三《やまもとゆうぞう》の手による珠玉の戯曲『米百俵』において、主人公に擬《ぎ》されたのが長岡藩の大参事・小林虎三郎であった。彼は継之助より、一歳の年下。

官軍との戦いに反対したが容《い》れられず、長岡城下が三度の戦火を受け、ついに謝罪の文を官軍側へ送って、無条件降伏するに及び、その後の長岡藩の仕置をまかされる。

官軍に刃向かって〝国賊〟となった長岡藩は、石高を一気に二万四千石に削られるなど、徹底した意趣返しを受けた。実収は五分の一となり、藩内は焼け野原に――。

その一方で藩は、戦死者とその遺族、戦傷者の家族の面倒もみなければならなかった。

総責任者＝大参事となった虎三郎にすれば、

「だからいったではないか――」

と戦死した継之助を、罵倒《ばとう》したかったに相違ない。

けれどこの大参事は、周囲に愚痴《ぐち》をいわず、黙々と己れに課せられた職責をはたした。

虎三郎の意志の強さは、幼いころ疱瘡《ほうそう》（天然痘）にかかって、左目を失明したおり、実証済みであったといえる。めげることなく学問に打ち込み、江戸に出て佐久間象山《しょうざん》（ぞうざん、とも）の塾に学ぶや、長州藩の吉田松陰（寅次郎）と共に、門下の〝二虎〟と呼ばれるまでになっていた。

戊辰戦争のおりは病床にあったが、藩はこの男に〝国賊〟長岡の再建を託したのである。

藩士の家族は、白米はむろんのこと、三度のおかゆにすら満足にありつけず、その惨状をみかねた支藩の三根山藩から、米百俵が送られてきた。

「これで一息つける」

と喜んだ藩士たちに、虎三郎はこの百俵で学校を建てると宣言した。

藩士たちは何を悠長な、まずは食べることではないか、と非難したが、虎三郎は動じない。先の山本の戯曲では、次のような言葉へとつながっていた。

「――人物がおりさえしたら、こんな痛ましい事は起こりはしなかったのだ。（中略）おれのやり方は、まわりくどいかもしれぬ。すぐには役にたたないかもしれぬ。しかし、藩を、長岡を、立てなおすには、これよりほかに道はないのだ」

——ここが、重要であった。

感情論に押されて旧幕府軍にも官軍にも付かず、中立を藩是と決した長岡藩を、虎三郎は心底から恨んでいた。河井継之助への愛憎といってよい。冷静沈着に物事を考える人間が多数いなかったことが、虎三郎には悔やまれてならなかったのだ。

換言すれば、彼の創ろうとした学校は、リベラルで先行きの見通しのきく、バランス感覚のある人材を、育成する学校であったといえる。

では、その後、虎三郎が建てた国漢学校はどうなったのか。後身は、旧制長岡中学校であり、帝大の総長・小野塚喜平次《おのづかきへいじ》をはじめ、幾多の人材を各界に輩出している。

だが、ここで注目すべきは、そうした卒業生の中に、太平洋戦争開戦時の連合艦隊司令長官・山本五十六《いそろく》がいたことである。

五十六はときの近衛文麿首相に、

「一年や一年半は存分に戦ってみせるが、そのあとは責任を持てない」

と公言しつつ、開戦に踏み込んだ。

後年、最後の海軍大将となった井上成美《しげよし》は回想録でいう。

「あの時、戦争しても日本は敗れます、と山本さんがはっきりいっていれば、日本は開戦にはいいたらなかったであろう」

山本五十六の言動は、幕末の河井継之助と何処《どこ》が違うのであろうか。

酷似したものであったとすれば、小林虎三郎が懸命に追い求めた〝米百俵〟の理想は、本当の意味で成就したといえるのであろうか。

歴史を、部分＝「点」で捉えてはいけない。前後を持った「線」でつなぐことで、見えないものが見えてくる。結局、中庸を行くリベラリズムを、長岡――ひいては日本――は持てなかった、ということになる。誰しも、耳障りな言は吐きたくはないであろう。聞こえの良いことを発言した方が、格好もいい。

だが、実現の苛酷さ、厳しさは、一時《いっとき》を誤魔化《ごまか》しても、そこから逃れることはできないという真実だ。

会議にて、「発言せよ」と発破《はっぱ》をかける経営者がよくいるが、これなど物事を「点」でしか捉えていない適例であろう。「線」でつないだならば、「反対の意見を発言せよ」というべきである。これは、ほんの一例にすぎない。

小林虎三郎は明治十年（一八七七）八月二十四日、五十歳でこの世を去っている。

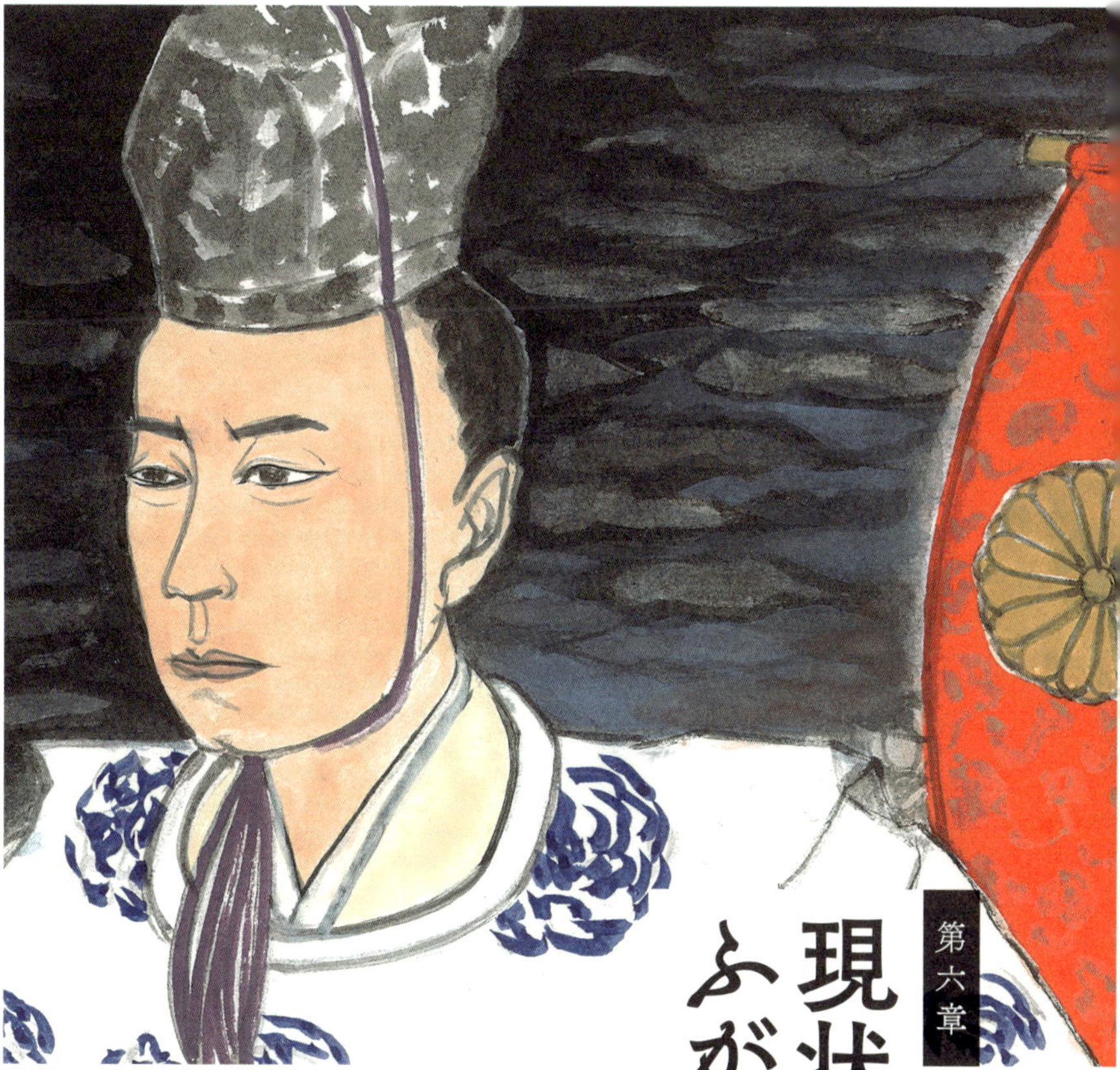
主戦場から脱出した徳川慶喜

第六章

# 現状に甘んじたふがいなさ

気働きができなかった報い

# クビになった織田家方面軍司令官
# 佐久間信盛

## 〝退《の》き佐久間〟の評価

織田信長には、譜代の家老が三人いた。

一人は〝鬼柴田〟と異名をとった柴田修理亮《しゅりのすけ》勝家《かついえ》であり、二人目が丹羽五郎左衛門長秀、そして三人目が佐久間右衛門尉《うえもんのじょう》信盛《のぶもり》であった。

この三人に木下藤吉郎（のち羽柴秀吉）を加えた小唄が、元亀・天正の頃、織田家を中心に近隣諸国で流行した。

木綿藤吉　米五郎左《こめごろうざ》
かかれ柴田に　退《の》き佐久間

その心は、「木綿」は絹のように優美ではないが、何に用いても重宝するもの。藤吉郎は織田家でそういった存在であり、何事もそつなくこなす人物だ、との意味となった。同様に「米五郎左」は、丹羽が織田家の中心＝主食だという評価であり、主食は日々なくてはならないもので、上下の潤滑油といいかえても差し支えのない存在——。

柴田は勇猛果敢で、織田家の先陣をまかせるべき武将であり、最後の佐久間は退き口をまかせると、冷静沈着にその任務を遂行した、との評価と受け取れる。

これは『翁草《おきなぐさ》』（江戸後期の神沢杜口《かんざわとこう》による随筆）に載っている四人の人物評であったが、この四人に伊勢から流れてきた滝川一益、室町幕府十五代将軍・足利義昭との間をとりもった美濃出身とされる明智光秀——外様の二将を加えて、最盛期の信長は六方面軍体制を敷いていた。各々を方面軍司令官として、その下に与力をつけている。

与力には織田家の中堅、地方の国人・土豪たちをもってあてた。

六人の最高幹部は、おそらく信長の〝天下布武〟が実現した暁には、巨大な領地を割り当てられ、織田政権の各地域における中核をなすもの、と期待されていた。

ところが天正八年（一五八〇）八月十二日、あろうことか、多年にわたって信長を苦しめてきた大坂本願寺との和睦（事実上は本願寺の降伏）がなった直後に、この方面＝近畿方面軍司令官に任ぜられていた、佐久間信盛が突然、信長から譴責《けんせき》されることとなった。

しかもこのおりの譴責状は、信長自身の「御自筆」であり、太田牛一《おおたぎゅういち》の『信長公記《しんちょうこうき》』によると、三通しか採録されていない、信長文書の一通であったという。

抜け落ちた佐久間は、愚痴っぽく、煌《きらめ》くような才覚には乏しかったものの、一面、何事にも慎重で、やることにはそつがなく、諸事、念の入った人物であった。

とりわけ持久戦には適任、と信長にも高い評価を得ていたはずであったのだが……。

## 譴責状

大永七年（一五二七）に尾張で出生したとされる佐久間は、信長より七歳の年上。父の名を信晴といい、自らの幼名を牛助といった。

出羽介《でわのすけ》、右衛門尉を称した佐久間信盛の家格・地位は、もともと柴田勝家や丹羽長秀と並ぶものであり、国内にあっては山崎城（現・愛知県稲沢市《いなざわ》）を守り、永禄十一年（一五六八）の信長上洛にも従い、京都に入ってからは、その治安維持にあたっている。畿内征討戦でも活躍し、永原城（現・滋賀県野洲《やす》市）を守ったこともあった。

武田信玄の上洛＝三河進攻の際には、織田家の同盟者・徳川家康の援軍に赴き、信長最大の敵・本願寺攻略においても、真正面の指揮権を与えられている。

その後、浅井《あざい》・朝倉連合軍との戦い、比叡山焼き討ちにも参軍し、天正二年（一五七四）三月、信長が勅許を得て、東大寺秘蔵の蘭奢待《らんじゃたい》（奈良時代に中国より伝来し、正倉院の宝物となった名香木）を切り取ったおりには、その名誉ある奉行を仰せつかっている。

四面敵に囲まれていた織田家にあって、佐久間はなくてはならない人材であった。

伊勢長島の一向一揆の鎮圧にもあたっているし、武田勝頼の三河長篠・設楽原《したらがはら》における攻防戦にも、先鋒として参戦している。このおり、武田家の騎馬隊を破った、織田家の鉄砲隊の主力の一つは、佐久間の軍勢であった。

思えば、このあたりが彼の、最も華々しかった頃かもしれない。

信長にとって最大の難敵ともいうべき、石山本願寺の攻囲を、佐久間が任されたことが、その絶頂を物語っている。

天正五年には、紀州雑賀《さいが》の一向一揆平定にも参加。翌年十一月には、準方面軍司令の荒木村重が中国地方の毛利氏と通じて謀叛に及んだおりも、その鎮圧に戦功をあげていた。

ところがその後、佐久間は突如として信長に追放されてしまう。

今日の企業にたとえれば、粉骨砕身して会社のために働き、会社が大きくなるにしたがって累進。ついには、取締役営業本部長にまで登用されながら、ある日突然、役員会で解任されたようなものだ。もっとも、信盛は、

「なぜだ！」

とは、いっていない。

信長は追放にあたり、信盛とその子・信栄《のぶひで》（正勝とも・のち不干斎定栄《ふかんさいじょうえい》）に、十九ヵ条からなる「譴責状」をしたためていたからだ。以下、一部を現代語訳して、列記してみる。

一、お前たち父子（信盛―信栄）はともに、五ヵ年も天王寺に在城して、本願寺と向かい合いながら、よい武勲が一つもなかった。このことについては、世の人々が不審に思うのも当然である。それについて、私（信長）にも思いあたることがあるけれど、その無念さは思い出しても、何とも言いようがないことばかりだ。

一、お前たち父子の気持ちを推量してみるに、大坂（石山本願寺）をおそらく大敵と思い

込み、武力に訴えることもせず、謀略を用いるでもなく、ただただ砦を慎重に堅く守って、幾年か経過するうちには、相手は僧侶のことであるし、ゆくゆくは信長の威光を恐れて退城するにちがいない、と考え、遠慮をしていたのか。しかし、武辺に携わる者には、別の道があったはずだ。このような状況のもとにあるならば、よく勝敗の機を察して、一戦に及んでしかるべきであったろう。一つには私のため、また一つにはお前たち父子自身のためにも、軍兵を長期にわたる労苦からまぬがれさせるためにも、打ちかかってしかるべきなのに、お前たちはいたずらに持久戦に固執しつづけた。それは思慮もなく、未練がましいことの疑いをもたれてしかるべきである。

一、丹波国における(明智)光秀のめざましい働きは、よく天下の面目をほどこしたものだ。ついで羽柴秀吉の数ヵ国にわたる活躍も、比類のないものであった。さらに池田恒興《つねおき》は、身代は小さいながら、たちまちに花熊城《はなくまじょう》を陥れて、これまた天下に名を挙げたではないか。これらを以《もっ》てしても、お前たちはみずから発奮して、ひとかどの働きをしてもよかったのだ。

一、柴田勝家も、それぞれの活躍を聞いて、一国(越前)を支配しておりながらも、このままでは世間の、自分に向けられる評判はいかがなものであろうかと気づかって、この春には加賀へ進軍し、また一国を平定したではないか。
一、合戦が未熟なら、他の者に託してでも謀略をめぐらして、それでも不十分であるなら、この私に現状を報告し、意見を聞くなりしてしかるべきであろう。それなのに、五ヵ年の間、一度もそういう積極的なところがなかったのは、怠慢であり、けしからぬことである。
一、お前の与力、保田知宗《やすだともむね》から以前、書面による注進があり、「あの一揆（石山本願寺）を攻め崩してさえしまえば、残った砦などはおおかた、退散してしまうでありましょう」と書いてあり、そこにはお前たち父子の連判があった。先に一度もこの種の届け出がなく、ふいにこのような書面を寄こしてくるというのは、己れらの活躍がなくて、困っていることを隠そうとして、いいかげんなことを、あれこれ勝手に申しているのであろう。
一、以前から召し抱えていた、代々、仕えている家臣にも加増し、それ相応の与力を付けてやり、また新規に家臣を召し抱えるなどすれば、これほどの落ち度とはならなかったであろう。しかるに吝嗇《りんしょく》ばかり考えているから、今度のように、天下の面目を失うような仕儀となったのである。このことは唐土・高麗・南蛮の国まで、隠れもないことであろう。
一、信長一代のうちに、勝利を失うようなことはなかったが、先年（元亀三年）の三方ヶ《みかたが》原《はら》の合戦のおり、遠江へ援兵を遣わしたときには、敵・味方の勝負が定まらなかった。しかし、家康からたっての救援を求められたのであるから、せめてお前の兄弟を討ち死にさせるか、しかるべき身内の者でも討ち死にさせていれば、お前が死を免れたとしても、他人は納得してくれたであろう。ところが、身内の者は一人も死なさずに逃げ帰り、そのうえ平手汎秀《ひろひで》（政秀の三男または孫とも）を見捨てて死なせ、平気でいる。

こうして、一つ一つを挙げてみれば、筋の通らないことばかりではないか。

## 失意の晩年

これは筆者の推測だが、おそらく佐久間信盛は十九ヵ条を信長に列記されるまで、己れへの譴責状など、考えたこともなかったのではあるまいか。

逆に、大坂退城に際して、数多《あまた》の伽藍《がらん》が一宇《いちう》も残さず焼かれ、黒煙火災を三日間もつづけたとはいえ、佐久間は戦塵《せんじん》の労を、主君信長は労《ねぎら》ってくれる、と信じていたように思われる。それがまさか、追放とは……。

ただ、信長の言い分にも、まんざらではない、それなりの根拠があったことも事実である。

当時、織田家は〝四面楚歌〟のなかにあった。常時、四倍近い敵と戦っていた。いくら持久戦が得意だからといって、頭も使わず、調略も用いず、ましてや上司に相談にも来ないで、それでいて私利私欲と受けとられかねない節約を、他人の耳に入るほどにやっていたとすれば、信長でなくとも経営者《トップ》の多くはその幹部を許してはおくまい。

なにより佐久間の失敗は、己れも織田家の経営の一翼を担っている、との自覚が薄かったことにある。

このような型《タイプ》の人は、中間管理職でとどまっていた方が、本人のためにも会社のためにも、無難かもしれない。

信長に問責された佐久間父子は、天正八年（一五八〇）八月、高野山に追放された。このとき彼は剃髪して、宗盛《そうじょう》と号している。同九年七月二十二日、紀伊国十津川の温泉で病気療養中、病没してしまう。享年は五十五。

息子の信栄はのちに許されて、信長の次男信雄に仕え、信雄の没落後は秀吉の御咄衆《おはなしゅう》となった。寛永八年（一六三一）まで生きている。享年は七十六であった。

われわれは、この父子の最期（とくに父の信盛）から、味方苦戦の中、自らはどのような言動をとるのが相応《ふさわ》しいのか、そのことを何よりも学ぶべきかもしれない。

先代が残した最強の城も無力化
# 最後まで戦場に姿を見せなかった総大将・豊臣秀頼

## 大坂方が勝っていた

御所《ごしょ》柿（家康の天下）はひとり熟して落ちにけり
木の下にいて拾う秀頼《ひでより》

慶長十六年（一六一一）、徳川家康がまだ二条城にいた頃、京都の町に書き捨てられた落首《らくしゅ》である。ときに家康の齢は七十歳、豊臣秀頼は十九歳であった。

関ヶ原の戦いで勝利して以来、豊臣恩顧の諸大名が漸次、徳川家の方へ出仕、方向転換しつつある中で、宥和策をもって秀頼を一大名に封じ込めようとした家康も、己れの老齢化に反して、秀頼が逞しく成人していくのを見るにつけ——熟柿は早々に、己れの手でしっかりと受け取らねば、その甘美をあたら秀頼に拾われかねない。すなわち、天下は確実にならない——と、いい知れぬ不安と焦燥を募らせ、ついには実力をもって秀頼を屈服させようと画策するにいたった。

慶長十六年から同十九年にかけて、豊臣譜代の有力大名・加藤清正《きよまさ》、池田輝政《てるまさ》、浅野幸長《ゆきなが》らが相次いで病没すると、時節到来とばかりに、家康は秀頼側への圧力を倍加。京都・東山の方広寺《ほうこうじ》の鐘銘「国家安康君臣豊楽」に、言い掛かりをつけた家康は、慶長十九年七月、急遽《きゅうきょ》、同寺での法要中止を命じると、あわせて、鐘銘の釈明のために駿河（現・静岡県東部）へ出向いた秀頼の名代・片桐且元《かつもと》を介して、大坂城を明け渡して国替《くにがえ》を承服するか、秀頼か淀殿《よどどの》に江戸参勤をさせるか、の二者択一を迫った。

憤激した大坂方（とくに大野治長《はるなが》ら武断派）は、且元を大坂城から追放し、開戦準備をはじめる。しかし、家康の対応はそれ以上に素早かった。同年十月には矢継ぎ早に軍令を発し、東海・中国・四国の大名たちに大坂の包囲を、東北大名には江戸に参会させる手筈《てはず》を整えた。

大坂方には、現役大名からの荷担は実現しなかったが、豊家《ほうけ》報恩のために馳せ参じた者は少なくなく、優れた武将を数多く召し抱えることに成功する。長宗我部盛親《ちょうそかべもりちか》・後藤又兵衛・毛利勝永《かつなが》・明石全登《たけのり》・真田幸村（正しくは信繁）らである。

十月二十三日、大坂城攻めの総大将・家康は、麾下《きか》の軍勢を従えて京都に到着すると、前後して東軍の諸大名も続々と入京した。総勢は二十万――。

家康は十一月十五日、二条城から出陣。摂津の住吉を経て、将軍秀忠（家康の三男）と茶臼山《ちゃうすやま》で合流し、ここを本営と定めて布陣を完了する。同月十九日、ついに攻城方と大坂方の間で、本格的な合戦の火ぶたが切って落とされた。

だが、さすがに大坂城は、天下人・豊臣秀吉が、日の本の総力を傾注して築いた比類なき堅城である。とりわけ、天下無敵といわれた、関東の北条氏の小田原城をモデルとした総堀（外堀）の威力は凄まじく、皆目、攻城方を寄せつけなかった。

そもそも大坂城は、十万の兵が十年籠っても戦えるように、設計されていた。

唯一、力攻めに弱いと見なされた城の南東にも、真田幸村の守る〝真田丸〟が築かれ、十二月四日、前田利常（加賀百二十万石）勢がここへ押し寄せたが、手痛い反撃にあい、攻城方は多数の死傷者を出している。

　同月十六日、家康はかねて準備していた大筒《おおづつ》で、一斉砲撃を開始させたが、大坂城を多少損傷することはあっても、落城させるまでにはいたらず、逆に、城内からの砲撃も激しく、将兵の損傷は寄せ手に多く出た。

　このあたりから、家康方に焦燥感がただよい始める。

なにしろこの年の冬は、ことのほか寒気が厳しかった。

特に七十三歳の家康にとっては、十月以来の出陣の月日は長く、寒気はその身に応《こた》えたであろう。

　家康は大坂城の難攻不落を、秀吉より聞かされていた。

当初から講和にもっていく腹づもりであったが、大坂方はこの大切な〝徹底籠城〟の戦略を、秀吉亡きあと忘却してしまったようだ。危機管理が徹底されていなかった、ともいえる。

　家康は連日、大坂城へ大砲を撃ち込み、連夜、兵に大声を出させた。女・子供の恐怖心を募らせるための演出であった。

幸いにして砲弾の一発が、本丸に命中し（天守に当たったたといわれる）、女城主・淀殿の侍女が死傷する事態となった。

家康は大坂城内の、内部情報にも精通していた。なにしろ大坂城には、織田有楽《うらく》（信長の弟・長益《ながます》）や織田常真《じょうしん》（信長の次男・信雄《のぶかつ》）などの、徳川方のスパイが多数参加していた。城内の現状＝情報漏洩《ろうえい》が、すべてを決したといってよい。

やがて極秘裏に、淀殿主導で和平会議が設けられ、大坂城は本丸のみの堀を残して、二ノ丸・三ノ丸の堀を破却することが、口頭で約束され、総堀は攻城方によって埋め立てられることとなる。二ノ丸・三ノ丸の堀は大坂方の担当であり、彼らはゆっくりと時間稼ぎをしながら、作業をするつもりでいた。

ところが家康は、攻城方にこれらの堀を、短期日に埋めつくさせてしまった。

## 敗因は秀頼の器量不足

裸城同然となった大坂城に、もはや持久戦、籠城戦での勝ち目はない。

大坂城の、堀の埋め立てが終わるや、家康は直ちに秀頼に大和《やまと》（現・奈良県）か伊勢（現・

三重県）への国替《くにがえ》を伝えた。これに対して慶長二十年（一六一五）三月、秀頼は使者を駿府に送り、家康に国替の中止を嘆願するが、そもそも承認されるはずもなかった。

それればかりか、拒否を口実に家康は、再び諸大名に大坂出陣を命じると、またもや二十万の大軍をもって、大坂城を包囲する。世にいうところの、大坂夏の陣のはじまりであった。五月五日、京・二条城を出陣すると、家康は大坂城の東北三里にある星田（現・大阪府交野《かたの》市星田）に本陣を構え、将軍秀忠も伏見城を出ると、本陣近くに着陣した。

徳川方は大軍を二手に分け、一軍は大和から河内（現・大阪府東南部）に入り、国分付近に布陣。家康・秀忠ら本軍は河内をすすみ、国分の西方、大坂城東南四里にある道明寺《どうみょうじ》（現・大阪府藤井寺市）付近で、両軍が合流する作戦を採用した。

堀を埋められた大坂城では、籠城の効果はなく、防備すべき手だてはない。

徳川勢の意図を読んでいた後藤又兵衛、木村重成、真田幸村らは、少数で大軍を迎え撃つため、大坂城を出て地の利を占めて戦う戦術をとる。

六日、後藤又兵衛の一軍が徳川勢の攪乱《かくらん》を狙って、道明寺に討って出たものの、続いてやってくるはずの毛利勝永・真田幸村の一隊が、霧のため姿を見せず、毛利・真田隊が戦場に到着したのは、又兵衛らが討ち死にを遂げたあとであった。

ほぼ同時刻、道明寺の北方二里にある八尾・若江では、木村重成、長宗我部盛親の率いる約一万の軍勢が、徳川方の藤堂高虎《とうどうたかとら》・井伊直孝《いいなおたか》らの軍勢と血戦を繰り広げていた。が、所詮は多勢《たぜい》に無勢。戦いに利あらずして、重成が討ち死にを遂げる。

七日、家康は早朝に星田から枚岡《ひらおか》（現・東大阪市）に陣をすすめ、主戦場となる天王寺口は家康が、将軍秀忠は岡山口へ回る布陣を決定。この天王寺・岡山での戦いが、大坂夏の陣の最終決戦となった。真田・毛利勢は再三、家康の本陣に討ちかかり、勇名を馳せたがついに力尽きて敗死する。

他方、大坂城内の秀頼はこの期に及んでも、一向に戦場に姿を見せなかった。これでは総帥としての、資質が問われるというもの。

冬の陣における講和もそうだが、つまるところ秀頼は大将の器ではなく、豊臣家は滅亡する運命にあったとしか思えない。翌五月八日、大坂城は火焔《かえん》に包まれて灰燼《かいじん》と化し、秀頼は山里曲輪《やまざとくるわ》の矢倉の中で、母の淀殿とともに二十三歳の生涯を閉じた（淀殿は四十九歳）。

大坂城の設計思想が、城代をつとめ得る器量のある武将に伝えられ、遵守されていたならば、この天下の名城はこうまで易々《やすやす》と落とされることはなかったろう。家康の寿命を考えれば、その後の歴史は大きく姿を変えたに違いない。残念至極である。

セキュリティーを怠ることの恐怖

# 薩長同盟に逆転を許した徳川慶喜

## 追い詰められていたのは薩長だった

歴史の真相は本来、結果だけでは窺《うかが》いしれないものである。常に局面ごとに、立ち止まって考察してみなければ、真実はそもそも見えてこない。

たとえば、慶応三年（一八六七）十月十四日、十五代将軍・徳川慶喜は「大政奉還」の挙に打って出た。まさかの決断、奇策であったといってよい。

国政を担当していた「幕府」＝征夷大将軍の大権を、朝廷に返上するというのだ。

このとき、京都を治めていたのは〝一会桑《いちかいそう》〟といわれた政権――将軍後見役（それにつづく禁裏御守衛総督）の一橋時代からの慶喜と、彼を支えてきた京都守護職をつとめる会津藩主・松平容保《かたもり》、それに歩調を合わせてきた京都所司代の桑名藩主・松平定敬《さだあき》の三人を指した――であったが、それにしても慶喜の行動を、なぜ、容保や定敬は諫止《かんし》（いさめて思いとどまらせること）をしなかったのだろうか。

このとき、幕府は上方《かみがた》に一万六千余の兵力（諸藩・諸勢力あわせて二万三千四百）を持っていた。彼らはどうして、将軍の〝大政奉還〟を力ずくで阻止しなかったのだろうか。幕府がなくなってしまうというのに――。

同じことは、江戸の留守幕閣にもいえた。

反対してしかるべき大勢力が、いずれも慶喜の決断を肯定したのは、この一挙によってすべてが失われることはなく、むしろ政局が好転する、との判断があったからである。これまで薩長二藩を中心に、討幕派を勢いづかせてきたのは、徳川家が国政を担当していたからであった。「征夷大将軍」といいながら、夷狄《いてき》を打ち払うどころか、欧米列強に散々、弱腰外交を展開してきた。そのことへの、不平・不満が世に充満していたといえる。

そこで、将軍慶喜は考えた。幕府をやめるといったところで、十万石しかない朝廷（薩長を加えても百二十万石程度）に、何ができるというのか。幕府をやめても徳川家の実力は変わらず、四百万石であった。加えて東日本のことごとくは、徳川家を支持している。もし、新しい国家を創始する国政の議会が朝廷で開かれても、圧倒的多数で慶喜が中心人物に選出されることは、火を見るより明らかであった。現に「大政奉還」を願い出た慶喜に、朝廷は受理しつつも、議会召集まではこれまで通りで頼む、と泣きつくありさま。

「薩長に勝った」——慶喜は内心、北叟笑《ほくそえ》んでいたであろう。

事実、追いつめられていたのは、まさかと思われる薩長討幕派の面々——西郷隆盛、大久保利通、木戸孝允《たかよし》（前名・桂小五郎）たちであった。

事実は小説より奇なり、である。結果からのぞく歴史では、皆目、語られていないが、のちの〝維新三傑〟は揃《そろ》って、この時期、切腹一歩手前まで追いつめられていたのである。

とくに薩摩藩の場合、十月に入っても討幕に反対する勢力は、藩全体の八割を超えていた。これまでも多くの軍資金を使い、積み立ててきた金庫を空にして、なぜ、薩摩だけが突出しなければならないのか。この時期、〝禁門の変〟で御所へ向けて発砲して以来、長州は〝朝敵〟〝国賊〟の扱いとなっていた。

つまり、京へ入る資格がなかったのである。

だからこそ、薩長同盟はくり返し、長州藩の名誉回復をうたっていたのだが、もし京洛で戦《いくさ》となった場合、薩摩藩は一藩で〝一会桑〟及び旧幕府軍と戦わねばならなかった。「長州（禁門の変）の二の舞は、ご免被ります」

薩摩藩の事実上のトップである〝国父《こくふ》〟（藩主・忠義の実父）島津久光は、息子の久治（忠義の弟）からいわれて、反論ができなかった。

ここで〝討幕の密勅〟という、正規ではない勅命を工作して、無理やり大義名分を得ようとしたのだが、わずかな時機《タイミング》の差で密勅は遅れてしまう（のちに、否定された）。

## 「予測」と「対処」を怠った慶喜

慶喜は新政府の議会が開催されるのを、ただ、待っているだけでよかった。ところが、ここで彼は、己れの安堵感から大いなる失策を犯してしまう。追いつめられた薩長討幕派が、死に物狂いで〝奇計〟を用いてくることを、予測、対処することを怠ってしまった。

無論、慶喜は多忙である。彼に代わって江戸市中、京洛を見渡すことのできる人物、役職をもうけておくべきであった。とりわけ目の届かない江戸については、強力な指揮権を与えた、それこそ将軍補佐役か「政事総裁職」を定めておくべきであったろう。

十一月十五日、坂本龍馬が暗殺され、「大政奉還」は平和裡に議会へ移行すると、誰もが思った。十二月九日、王政復古の大号令が発せられ、慶喜の辞官納地がクーデターのなかで討幕派に決められても、彼の存在感は揺るぎもしていない。

朝廷の中からも、それに同調する動きが出始める。慶喜は余裕をもって十二月十六日、会津・桑名の両藩兵をも引き連れて大坂城に退き、そのあと各国公使を引見し、自分が引きつづき日本国の主宰者であることを、はっきりと宣言している。

すべて私が取り仕切る、と慶喜はいったのだ。

「追々全国之衆論ヲ以《もっ》テ、我ガ国ノ政体ヲ定メルマデハ――」

完全に彼は、薩長討幕派に勝っていた、ここまでは……。

ところが、〝窮鼠《きゅうそ》猫を嚙《か》む〟の譬《たとえ》。討幕派は〝奇計〟を遠く離れた江戸で展開した。

三田の薩摩藩邸に浪人を多数かかえ、江戸から関東一圏へ、徳川家を挑発する実力行為を連発したのである。

御用金を出せ、と商家に押し込み、婦女子を乱暴し、辻斬りを毎夜のように働いた。

そして決まって、最後には、

「文句があるなら、三田の薩摩屋敷へ来い」

と居直った。

このおり江戸の治安は、京都の新撰組《しんせんぐみ》と分かれて誕生した新徴組《しんちょうぐみ》（庄内藩お預り）が担当していたが、彼らは懸命に自分たちの暴発を抑え、江戸中に出没する〝御用盗《ごようとう》〟と対決したが、相手は神出鬼没で埒《らち》が明《あ》かない。

それでも根源である三田薩摩藩邸には直接、手を出さずに忍耐していたのだが、〝御用盗〟は必死である。ついに江戸城二の丸に放火、新徴組の屯所にも銃弾を撃ち込んだ。

これを無視すれば、武士の面目が丸つぶれとなる。

新徴組は幕府の許可を得て、庄内藩に加え上山《かみのやま》藩、鯖江藩、岩槻藩の三藩と、庄内藩の支藩である出羽松山藩など総勢約千の兵力をもって薩摩藩邸を焼き打ちにした。

この戦勝の報《しら》せが、恐るべきスピードで上方へ届けられる。大坂城でも、薩摩藩の挑発に腸《はらわた》が煮えくり返る会津、桑名、旧幕府軍は大勢《たいせい》を占めていた。

彼らは待つことの真逆、即時開戦を主張して慶喜に迫った。

慶喜は江戸での防衛、危機に関する処置を怠っていたのに加え、敵の戦略・戦術も深く考えず、数の多少で開戦を即決してしまう。

局面を逆転するためなら、何でもする討幕派に対して、和戦両構えという中途半端な覚悟で京を目指した旧幕府軍は、鳥羽と伏見の両街道で戦端を開いた。

当然のごとく薩摩側は、いきなり旧幕府軍に撃ちかかる。

「このおりの一発の砲声ほど、うれしかったものはなかった」

と、のちに西郷も述懐している。

慶喜はさらに、情報管理をもしくじった。敵の次の手についての、配慮がなされていなかったのである。兵数で押し返そうとした旧幕府が一気に崩れたのは、薩長側に錦《にしき》の御旗《みはた》が翻ったことによる。

考えてみれば、敵も味方も、誰も本物の錦旗など見たことがなかったにもかかわらず、旧幕府の首脳は、わが身が国賊になることを恐れて、一目散に大坂城へ敗走した。一部討幕派による錦旗が、敵側に揚がる想定がなぜ、慶喜にはできなかったのであろうか。

大坂城で態勢を改めるべきところ、主将の慶喜はそのまま江戸へ逃げ帰る道を選択。すべての優位性を自ら放棄し、勝海舟に委任した江戸無血開城を挟んで、時代は一気に「明治」を迎えることとなる。

もし、あの時、慶喜に薩摩側の仕掛け、作戦に対する危機管理ができていたならば、日本はまったく違う〝ご一新〟を迎えていたに相違ない。実に、残念なことではある。

薩摩藩若手代表　西郷隆盛

第七章

# 時代に翻弄された瞑想者

選択肢はもうなかった

# 自ら生命を絶つ
# 千利休最後の思い

## 信長の茶頭として歴史に登場

――横合いから、始めたい。

幕末、黒船来航後の多難な政局に、大老として登場したのが、彦根三十五万石の藩主・井《い》伊《い》直弼《なおすけ》であった。四十四歳で大老となり、国政を総覧することになった。彼は混迷する時勢に歯止めをかけるべく、自らに反対する公家や藩主・諸藩士や浪人を〝安政の大獄〟という大弾圧で締めあげた。

人々は大老井伊を、〝井伊の赤鬼〟と呼んで憎悪し、恐れたが、事の良否は置くとして、このおりの彼の精神状態はどうであったのか、と気になったことがある。

「張りつめた弦《げん》は切れやすい」

多忙であればあるほど、井伊もさぞや、「心の不健康（メンタル・イルヘルス）」に悩んでいたのではあるまいか、と推量してみたのだが、意外なことに、彼にはこれといった精神的に抑圧を受けたり、症候群にかかったりした形跡がなかった。なぜであったのだろうか。

井伊は日々の激務のかたわら、〝宗観《そうかん》〟と号して、茶の湯に没入する時間を持っていた。茶の湯には緊張した現実から心を解放する、俗世に相反する〝聖《せい》〟の作用があったことをうかがわせる。茶道が井伊の激務を緩和させ、心の平穏を保たせていたのである。

この茶の湯を完成させた人物こそが、〝茶聖〟と後世に呼ばれた千利休《せんのりきゅう》であった。

なにぶんにも、利休が生まれ育った時代は、未曾有の戦国時代であり、人々は忍びよる死神の影に怯えながら、日常生活では飢えや合戦に身をさらしつつ、わが身を磨《す》り減らすような思いで生きていた。

茶の湯はこうした時代に、堺の商人を中心に育《はぐく》まれ、成長した〝芸〟であったといえる。

この時代、心を開放する「自由」という単語は、わが国一般には通用しなかった。

わずかに、禅の中にのみ「自由」は存在した。利休や同時代の人々は、今日の「自由」を、少し違った角度から「数寄《すき》」と呼んでいる。

だが、数寄者・利休の真姿をとらえるのは至って難しかった。

なぜならば、この茶人は自刃という尋常ならざる最期を遂げていたからだ。なぜ、彼は切腹しなければならなかったのか。それればかりか、利休にはその出生にすら疑問があった。

通説にしたがえば、彼は大永二年（一五二二）、和泉国（現・大阪府南西部）堺・今市町に、魚屋与兵衛《ととやよへえ》の子として生まれ、幼名を与四郎と称したという。彼の号は、宗易《そうえき》。長じて堺の茶人・北向道陳《きたむかいどうちん》らに師事して、茶の湯の古法を学び、武野紹鷗《たけのじょうおう》には侘《わ》び茶の道を修学。京の大徳寺、堺の南宗寺《なんしゅうじ》に参禅して、茶の湯の道をきわめたという。

〝茶歴〟については諸説あるが、確かなことは戦国の覇王・織田信長の茶頭《さどう》として仕えたことで、利休は歴史の表舞台に登場した。このとき彼は、すでに五十歳を超えている。

天正十年（一五八二）六月二日、茶の湯をもって仕えていた信長が、本能寺で横死。利休はその家臣として交際のあった羽柴秀吉が、主殺しの明智光秀を山崎の合戦で一蹴したことにより、秀吉のもとへ。さらに、己れの立場を上昇させることとなる。

十月に亡君信長の葬儀を、京都・紫野の大徳寺で盛大に営んだ秀吉は、十一月七日、同

じ山崎に利休、今井宗久《そうきゅう》、津田宗及《そうきゅう》、山上宗二らの四茶匠を招いて、茶会を催している。

この茶会には、極めて政治的な意味合いがあった。なぜならば、信長の茶頭たちをそのまま召し抱えることで、信長公の後継者は自分である、と秀吉が宣言したことになるからである。

信長に仕えていた頃の利休は、秀吉から「宗易公」と呼ばれていたが、自身は第三者への書状などで、秀吉を「筑州《ちくしゅう》」「秀吉」と呼び捨てるのを常としていた。

それだけに、新しく主君となった秀吉に、利休の胸奥はきわめて複雑であったに違いない。山崎の茶会に招かれたとき、利休は六十一歳になっていた。ときに、秀吉は四十六歳。してみれば、利休が秀吉に仕えて、賜死《しし》をもって自刃するまで、わずか十年に満たなかったことになる。

換言すれば、この間に利休の茶の湯は完成し、世に広まったといえなくもなかった。彼は茶の湯に斬新さを求め、〝侘び数寄〟の理念と美意識の昂《こう》揚《よう》に励んだ。

## 茶頭から政治顧問へ

天正十三年（一五八五）――この年は利休にとって、生涯における画期的な年となる。二月、彼は宗及、宗二らとともに、秀吉の実弟・羽柴美濃守秀長の茶会に招かれ、運命的ともいえる終生の保護者・秀長の知遇を得た。さらに同年九月、秀吉が宮中で催した茶会において、それまでの宗易は「利休居士《こじ》」の号を勅賜されている。朝廷に利休は、認められたのだ。

余談ながら、日本の伝統的芸事は、天皇の御前で披露することによって、天下の公認となるのが恒例であった。茶の湯はこの時、日本の芸事となったのである。

加えて利休は、豊臣家における茶事＝社交を司る不動の茶頭の立場となったが、それは一面、秀吉の政治顧問、側近としての色彩を強めることにつながった。

政治や軍事上の機密にもたずさわり、庇護者の秀長すらが、

「内々の儀は宗易（利休）に、公儀の事は宰相（秀長）存じ候」

といい、豊後の太守・大友宗麟《おおともそうりん》をして、

「宗易ならでは、関白（秀吉）さまへ一言も申し上ぐる人なし」

と驚嘆させるまでの、隠然たる権勢を誇るまでになっていた。

だが、これは茶頭利休の偉大な栄光であると同時に、後年の悲劇の源ともなった感は否めない。天正十九年正月二十三日、大和大納言秀長が病没すると、利休を取り巻く環境は一変する。それも天国から地獄へ、奈落の底――文字通り自刃へと急転直下した。

二月十三日、秀吉は突如として利休を京都から堺へ退去させると、同月二十六日、再び京都へ呼び出して切腹を命じている。いったい何が、かくも急激に利休の立場を破局へと導いたのだろうか。握っていた彼の権力はなぜ、これほど急速に失われてしまったのか。

利休の父の五十回忌法要のために修造した大徳寺山門に、利休が己れの木像を掲げたことを、秀吉が「不遜僭上《ふそんせんじょう》の所行《しょぎょう》」とみなしたことが処断理由だとされているが、秀吉の真意のほどはいまもって定かではない。

茶の湯の門人たちの周旋もあり、助命の道も開かれていたのに、利休はそれをあえて拒絶、進んで死への道を選んだ。なぜか。

それまでの側近政治から、時勢は集団政治＝官僚制へと移行し、前者の利休と後者の五奉行・石田三成との確執《かくしつ》、南征（呂宋攻略）と北伐（朝鮮出兵）の外交方針の対立論争による敗北——利休切腹の理由は、幾つかあげられているものの——おそらく真の原因は、彼が已れの創りあげた茶の湯を、鮮烈に後世に残そうとしたところに、あったのではあるまいか。

利休めはとかく冥加乃《みょうがの》ものぞかし　菅丞相《かんしょうじょう》になるぞとおもへば（『南方録《なんぽうろく》』）

彼は、自分が死ぬことで菅丞相＝菅原道真——すなわち、〝神になれる〟といい、同月二十八日、最期の茶の湯を堪能すると、悠然と切腹の座についた。

利休はそもそも、武士ではない。その彼が自刃した。享年は七十であったという。すでに利休の茶道は、時代と合わなくなっていた。一期一会、乱世の中で茶を一服して戦場へとむかう時代は去り、世の中は泰平にむかって明るさを増していた。

そうした時勢の中で、どうすれば已れの茶道が後世に残り得るのか、利休の死は彼が自らに書いた、答案であったように思われてならない。

時代を変えながら時代に呑まれる

# 最後は天命を待つのみとなった西郷隆盛

## 二度の配流

幕末維新における西郷隆盛の存在は、時代の中で屹立《きつりつ》していた。

その立場や思想、利害得失が複雑に絡《から》み合う人々の中で、率先して幕藩体制に終止符を打ち、「討幕」から中央集権化という目標の下――国民を創り、国民一人一人が国を守るという形――に、諸勢力を結集した。

大政奉還後の王政復古の大号令から、鳥羽・伏見の戦い、江戸無血開城にいたるまで、明治政府の樹立をなし遂げ得たのは、ひとえに西郷の器量に負うところが大きかった。

だが、こうした西郷の偉業も、多くは四十代に入ってからのものであり、それまでの三十代、彼が奄美大島や徳之島、沖永良部島《おきのえらぶじま》での、計五年余に及ぶ配流《はいる》生活を強いられていた事実は、存外、見落とされがちである。

西郷の二度にわたる島流しは、それ以前に藩主・島津斉彬《なりあきら》の代弁者《スポークスマン》としての、輝かしい実績があればあるほど、過去の栄光が重圧となって、西郷の全身に覆い被《かぶ》さっていた。

安政五年（一八五八）十一月十六日、十四代将軍継嗣問題の活動に挫折し、〝天〟の如くに敬愛していた名君斉彬に急死され、西郷は失意の中、勤王僧・月照《げっしょう》と相擁して、月明かりの錦江湾に入水したが、三十二歳の西郷だけが昏睡《こんすい》状態から目醒《ざ》める（月照の享年は四十六）。つまり彼は、死に損なったわけだ。恥の上塗りであった。

奄美大島に約三年、その後、わずか三ヵ月間の帰藩を挟んで、西郷は再び徳之島、沖永良部島に約二年の流罪となった。三十八歳で再び召喚されるまでが、いわば、その前半生であったといえよう。

西郷は文政十年（一八二七）十二月七日、鹿児島の甲突川のほとり、加治屋町に生まれている。下級城下士の長男であった（下に弟三人、妹三人）。

十八歳のとき、今ならさしずめ役場と税務署を兼ねたような〝郡方書役助《こおりかたかきやくたすけ》〟（助＝見習）

の端役に就いたが、彼は十年間、一度も昇進することがなく、意外なことに上司・同僚からは、今風にいう〝空気の読めないやつ〟として嫌われ、敬遠されていた。

なにしろ、自分が正しいと信じたことは、相手が上役であろうが目上の人であっても、決して容赦はしない。それで疎外されると、さらにその上の上役にまで嚙《か》みついた。

「御国（薩摩藩）ほど農政乱れたる所、決してござあるまじく（下略）――」

普通ならば西郷は、そのまま藩という組織から巧みに外されてゆき、生涯、不平・不満を託《かこ》つ偏屈な人物として、その名を後世に知られることもなく、無名のまま終わったにちがいない。

彼の幸運は、のちに西郷自身が、「お天道さまのような人でした」と泣きながら敬慕した、藩主・島津斉彬に、その上申書を読まれたことに尽きた。

「西郷のことを外々《そとそと》の者から、粗暴で同役との交わりもよくないと誹謗《ひぼう》する者が多かった」

と斉彬も語っている。

それでいてこの名君は、西郷の篤実で謹直な性格を見抜いた。

「用《よう》に立つ者は必ず、俗人に誹謗されるものだ。今の世に人の褒める者は、あまり役に立つ者ではない。郡方では使い道があるまい。庭方《にわかた》勤務がよかろう」

加えて一目、西郷を見た斉彬は、その風貌に引き付けられる。六尺豊かな偉丈夫が、燃えるような大きな瞳を輝かせていた。身長五尺九寸（約百七十九センチ）、体重二十九貫（約百九キロ）――「おもしろい」と、斉彬は思ったのではないか。

嘉永七年（一八五四）正月、二十八歳になっていた西郷は、〝庭方役〟を拝命。斉彬の、非公式な秘書的役割を担う。

当時、幕府はペリーの来航により、真っ二つに割れていた。

一つは老中首座・阿部正弘や斉彬など、開明派の陣営。いま一つは、幕政を飽くまでも譜代大名で独占すべし、とする守旧派の人々。この陣営には、のちに大老となる彦根藩主の井伊直弼《なおすけ》がいた。当初、前者が優位であったが、三十九歳の若さで阿部が急逝すると、にわかに後者が勢力を盛り返す。

両派の対立は、十三代将軍・徳川家定の後継者問題に絡んだ。

将軍家定は幼少の頃から病弱で、まともに口をきくこともできない人物。それゆえ、将軍の名代＝後継者を求める声は、重大な政治問題と化した。

候補は二人――一人は、水戸藩主・徳川斉昭《なりあき》の第七子で〝御三卿《ごさんきょう》〟の一《いつ》である一橋家を継いだ一橋慶喜《よしのぶ》。英邁《えいまい》の誉れも高い、二十一歳。もう一人が、血統では将軍家により近い、紀州藩主の徳川慶福《よしとみ》であった。こちらは、十二歳。

結局、両派の争いは、井伊の大老就任による強権発動で決着がついた。

彼は安政五年、ペリーの成果を受けて来日したハリスとの間に、朝廷に無断での日米修好通商条約を調印。十四代将軍を慶福、改めて家茂《いえもち》と決して、多くの反対派に弾圧を断行した。世にいう、〝安政の大獄〟である。

## 苦悩の淵から

西郷の幕末維新における活躍は、このような〝安政の大獄〟につながる事情を、踏まえておかなければ理解しにくい。〝庭方役〟となった西郷は、もっぱら将軍継嗣《けいし》問題を担当し、将軍慶喜を実現すべく、朝廷の条約反対を取りつけるなどに奔走した。

その過程で、西郷の名は天下に知られ、薩摩藩の若手を代表する立場にまでなったのである。京都の清水寺の住職・月照と知己となるのも、この頃のこと。

しかし、幕政改革派は一橋慶喜の擁立に失敗した。そのうえ、武装上洛を決断した斉彬までが急死してしまう。主君の死を知った西郷は、一度は〝殉死〟を決意する。寸前のところで、亡き主君斉彬のためにも使命を果たさねばならない、と周囲に説得され、思い直したものの、井伊の弾圧は強力で、とうてい一個の西郷に抵抗できるものではなかった。己ればかりか、同志の月照の身辺も危うくなり、西郷は薩摩を目指さねばならなくなったが、同行の月照は、日向（現・宮崎県）の国境で、斬られることに……。

進退維《こ》れ谷《きわ》まる――西郷は月照と入水自殺を図った。が、死にきれず、一人生き残って奄美大島の龍郷《たつごう》へ。

流された西郷は、この地で生涯を終えるべく、あんご（島妻）の愛加那《あいかな》（二十三歳）を娶《めと》り、子をもうけて、ささやかな平穏を得る。

だが、ほどなく時勢が動き、藩からの召還命令が来て、活動を再開した西郷だったが、主君斉彬にかわって藩権力を握ったその異母弟・島津久光《ひさみつ》を〝ジゴロ〟（薩摩言葉で田舎者の意）と呼び、その怒りに触れて、徳之島、ついで沖永良部島への流罪となってしまう。西郷は自らに迫る追罰――切腹と罪が妻子にも及ぶような――をひしひしと感じるようになっていた。

彼の牢獄《ろうごく》は、二坪ほどの草葺《くさぶき》の小屋掛けとはいえ、四方格子《ごうし》造りで、風よけの戸もなかった。半分は厠《かわや》。板の衝立《ついたて》を挟んで、半分が筵《むしろ》敷き。立ち上がるだけの高さはなかった。むろん、独房である。錠は固く掛けられ、牢番監視のもと、西郷は以来、ここを一歩も出ず、ひたすら自分と向き合った。

人間は各々の生活の場と時間、意志・情報の伝達《コミュニケーション》によって成り立っている。ところが、西郷はそのうちの場と意志・情報の伝達《コミュニケーション》を極端に遮断され、ありあまる時間のなかで、徹底した囚人生活を強いられた。

食事は、冷えた麦の握り飯に焼塩とわずかの真水だけ。衣服や髪の手入れもなく、着替えもなかった。西郷は日の目を見ない生活を強制されたが、これは監視している久光に対して、規制を守って忍従している自らの姿を見せることが、最大の主題《テーマ》であったように思われる。

しかし、徹底的に自らを虐《いじ》め抜いたとき、西郷はそこに新しい自己を発見した。自己再生の糸口といってもよい。

そして到達した西郷の悟りが、以下の名言である。

「命もいらず、名もいらず、官位も金もいらぬ人は、仕末《しまつ》（抹）に困るもの也。此《こ》の仕末に困る人ならでは、艱難《かんなん》を共にして国家の大業は無し得られぬなり」（『南洲翁遺訓《なんしゅうおういくん》』）

もし、島役人の土持政照《つちもちまさてる》が惻隠《そくいん》の情のわかる人で、牢屋を改造して西郷を救済してくれなければ、そのまま西郷は沖永良部島で衰弱死していたにちがいない。

やがて薩摩藩は、急転する時勢の中で、ついに行き詰まりを見せる。藩政の実務をあずかる立場となっていた大久保一蔵《いちぞう》（のち利通）は、この局面で西郷隆盛呼び戻し運動を展開。西郷嫌いの〝国父《こくふ》〟久光を説得して、ようやくその実現、再活動に漕《こ》ぎ着けた。

## 復帰した軍政家

西郷本人には受託しない、との選択もあったが、彼はすべてを天命と受け止め、二年間の空白《ブランク》を承知で、元治元年（一八六四）三月、政局の中心である京都に復帰する。ほどなく西郷は軍賦役《ぐんぷやく》、諸藩応接掛《かかり》となった。このとき彼が示した方策は、すでにその人間性が完成していたことをうかがわせている。まず、彼は言う。

「御遺策のとおりに――」

かつて主君の島津斉彬が、大老・井伊直弼と戦うため、国許《くにもと》の軍制改革に専念したように、権謀術数の渦巻く政局の駆け引きから、一歩の距離を置き、冷静に形勢を傍観することが、この先の政局の主導権を薩摩藩が握ることにつながる、と西郷は説いた。

そうするうちにも、薩摩と会津が手を組んで、長州を都から追った「文久の政変」＝八・一八クーデターの巻き返し――〝禁門の変〟が勃発する。

京都に一大兵力を擁する薩摩藩の動向が、勤王・佐幕の両陣営から注目された。

しかし西郷は、「禁裏御守衛を一筋に――」と旗幟《きし》を鮮明にせず、薩摩藩を政局からあえて後退させる。

もし、彼が離島から復帰することなく、久光《ひさみつ》や大久保に形勢傍観策が取れなければ、薩摩藩は大多数の親会津派と少数の親長州派に二分され、水戸のように藩が分裂崩壊した懸念は大きかった。

薩摩藩内にはなお、勤王派の藩士は少なくない。藩を二分して、一方は「薩賊会奸《さつぞくかいかん》」を募らせる長州を完膚なきまでに叩《たた》き、他方は長州側について突出して、同じ薩摩藩士と相対し、同士討ちになったかもしれないのだ。

そうなっては、のちの薩摩主導による〝薩長同盟〟は決して成らず、薩摩藩が自ら弱体化していくのを目の隅におき、長州藩を征伐した幕府は強権を拡大して甦《よみがえ》り、次には目の上の瘤《こぶ》である薩摩藩に宣戦布告をしたに相違なかった。

もし、中途半端に内戦が長引けば、それこそ日本は欧米列強の餌食となっていたであろう。西郷は政局の緊張が極限に達するまで、中立を保とうとする。

ところが長州は、薩摩を敵視して、続けざまに挑発をしかけ、ついに元治元年七月、〝禁門の変〟になだれ込む。

〝禁門の変〟に圧勝した幕府は調子づき、第一次長州征伐を発令。あくまでも長州藩を滅ぼそうとするが、西郷は幕府の軍艦奉行・勝安房守（海舟）と会見し、その助言もあり、戦わずして長州の力を温存すべく画策する。

第一次長州征伐を解決する西郷の手順《プロセス》を見ていると、その後の江戸無血開城までと同じ――さらには、明治六年（一八七三）の朝鮮への使節派遣も含め――「死地」に自ら乗り込んでいって、至誠をもって相手の立場を尊重しつつ、話をまとめるという、独特の手腕を彼は常に発揮していたことが知れる。

恭順の実を示すため、長州藩の責任者＝三家老の処分で、講和を図った西郷は、五月には薩摩藩の大番頭（役料百八十石）、一代家老格となった。

慶応二年（一八六六）正月の〝薩長同盟〟の締結、第二次長州征伐への対処、最後の話し合いとなった朝廷と幕府の会議――〝四侯〟（松平春嶽《しゅんがく》・島津久光・山内容堂《ようどう》・伊達宗《むね》城《なり》）と十五代将軍となっていた徳川慶喜の論戦――を経て、「大政奉還」、「王政復古の大号令」、そして慶応四年正月の鳥羽・伏見の戦いを迎えている。

この幕府の土壇場で西郷は、後世に〝偽勅〟といわれる「討幕の密勅」にも関わっていた。この宣旨《せんじ》には、中山忠能《ただやす》、正親町三条実愛《おおぎまちさんじょうさねなる》、中御門経之《なかみかどつねゆき》の朝廷人三人の署名しかなかった。しかも筆跡は、すべて一人の手跡である。当然あるべき摂政・二条斉敬《なりゆき》の署名も、明治天皇の御名も欠けていた。明らかに、〝偽勅〟であった。

併せて西郷は、畿内に駐屯している旧幕府軍を挑発し、開戦に持っていくべく、後方の江戸擾乱《じょうらん》を目的に、三田の薩摩屋敷に不逞《ふてい》の浪人を集め、辻《つじ》斬り、商家への押し込み、強盗、放火などの非人道的活動＝〝御用盗事件《ごようとう》〟を引き起こしていた。

大政を奉還した徳川家の、直轄の江戸における警察力は、遊撃隊、別手組《べってぐみ》、撒兵《さっぺい》（洋式歩兵）などで四百余り。これでは〝御用盗〟に対処できない、と庄内藩主・酒井左衛門尉《さえもんのじょう》忠篤《ただずみ》に市中取締を命じ、その配下の新徴組《しんちょうぐみ》に、江戸市中の巡邏《じゅんら》が命じられた。

ところが、その庄内藩邸に向けて大砲を撃ち込んだのが〝御用盗〟であり、忍耐してきた徳川方もついには堪忍袋の緒を切って、薩摩藩邸焼き討ちを実行に移す。五藩参加の計一千人ほどが、十二月二十五日、薩摩藩邸に討ち入ったのである。

この一挙が導火線となって、慶応四年正月、鳥羽・伏見の戦いは勃発。結果として旧幕府軍は新政府軍に敗北を喫する。戦火の中から、〝ご一新〟が姿を現した。

## 達観による〝維新の成就〟

西郷の生死一如は、目的（中央集権化の実現）のためには手段を選ばぬものであり、西郷自身も繰り返し自問自答しながら、討幕の大義のため、と〝詐謀〟を計ってきた。

だが、江戸で彼を待つ徳川家の代表・勝海舟は、「無偏無党・王道堂々たり」と言い、「一点不正の御挙《おんきょ》あらば、皇国の瓦解、乱臣賊子の名目、千載の下、消ゆる所なからむか」と〝御用盗事件〟を念頭に、正論をもって挑んでくる。あなたのやっていることは覇道であり、王道ではない。汚い陰謀じゃないか、いいかげんにせよ、というわけだ。

海舟の言が、西郷に応《こた》えたであろうことは想像に難くない。九月に「明治」と改元されてのち、明治元年（一八六八）十一月、鹿児島に帰った西郷は、頭を剃って丸坊主となり、犬を連れて湯治と狩りに日々を送るようになる。

彼は自らの役割は終わった、と考えていた。この地位も名誉も金も、何もかも捨てた隠《いん》

棲《せい》で、西郷は己れのこれまでの〝詐謀〟に帳尻を合わせたい、迷惑をかけた人に詫びたい、と心から念じていたのだろう。

　ところが、多くの犠牲の上に成立した新政府の連中は、己れらの栄耀栄華を謳《うた》い、死んでいった者に心至らず、用いた〝詐謀〟を反省することもない。政府に泣きつかれて東京へ戻った西郷は、茫然《ぼうぜん》自失の体《てい》となる。

　――そこへ、征韓論が突出した。

　明治六年、一度は閣議決定をみて、明治天皇にも「まかせる」との言葉をいただいたものが、欧米視察から戻った岩倉具視《ともみ》と大久保利通の反対により、天皇は自らの決定を覆した。

　天皇に見捨てられた、と西郷は思ったであろう。

　のち、西南戦争のおり、錦の御旗を翻して官軍が現れた時、西郷は敵の総大将・有栖川宮熾仁《ありすがわのみやたるひと》親王に抗議の一文を奉っている。その中で西郷は、

「恐れながら天子征討を私《わたくし》するものに陥り、千載の遺恨、此《この》

事《こと》と存じ奉り候」

と述べている。

恐らく西郷は、かつて自分に向けられた海舟の言——ひいては、「討幕の密勅」を思い出していたに相違ない。西郷にとって〝天〟こそが、敬うべきすべてであった。〝天子〟はその具現者であるべきで、かつての己れと同様、誤ることもある、と彼は言いたかったのであろう。検証すればするほど、西郷はぜひにも維新成就と共に、隠遁させてやるべきであった、とつくづく思う。

しかし廃藩置県、秩禄公債《ちつろくこうさい》と、彼の声望抜きでは解決できない難問が、新政府には山積していた。

「私《わたくし》には元帥《げんすい》にて近衛都督拝命仕り、当分、破裂弾中に昼寝いたし居り候」

西郷は〝破裂弾〟の中で、心身共に疲れ切っていた。生死を超越した彼は、精神分析のフロイトが唱えた「生の目的は死である」を理解していたはずだ。

人は普段、「よりよく生きよう」と考える。向上心、上昇志向、考え方にも建設的なものが多くあるのは、そのためである。それこそ西郷のいう、「敬天愛人」を意識するのもよい。

だが、神経が疲れて病むと、人はプラス思考からマイナス思考へ、さらには破壊衝動にかられるようになり、憎悪を抱き、堕落願望を持つようになる。その行きつく先が、〝death desire（死への願望）〟であった。

一番よいタイミングで、納得のいく死に場所を見つけ、天に舞い上がりたい——。

「今生きて在《い》る中の難儀さ」——これこそが、もしかすると西郷の人柄における、本質的な魅力であったのかもしれない。

もともと繊細な神経の持ち主であった彼は、明治以降、前提としていた「人事を尽くして」の積極的な部分を放棄して、「天命」のみを待つようになった。

西南戦争でも、西郷は薩軍の指揮をとっていない。

その茫洋《ぼうよう》とした姿が、周囲には情に脆《もろ》い日本人の典型として、西郷をたたえることにもつながっているのであろうが、〝滅びの美学〟で消えていった彼に、我々は魅了されても、決して学んではならない。

学ぶべきは情に溺れぬ日本人の工夫、それこそ西郷の人間完成時に会得した「至誠の人」——そうなるための過程であり、自分を愛さない心、そして心身共に健康である努力に尽きよう。

第八章

# 失敗で問われる「学ぶ」姿勢

東照大権現　徳川家康

関ヶ原を制した導因

# 三方ヶ原の大敗北から学んだ徳川家康

## 関ヶ原のモデル

戦国乱世を終息させ、二百六十五年に及ぶ泰平の世を保ち得た徳川家康――この人物ほど、何事によらず〝学ぶ〟姿勢を貫き通した武将も、珍しかったに違いない。

家康は己れの生涯最大の負け戦《いくさ》にすら、多くのものを学んでいた。否、もしも、このの学び好きな性格――敗北をそのままに終わらせず、勝ちに転換するといった学びの姿勢がなければ、おそらく彼は天下を取ることができなかったであろう。

〝天下分け目〟の関ヶ原の戦い――慶長五年（一六〇〇）九月十五日、美濃国関ヶ原（現・

岐阜県不破郡関ケ原町）において、戦国史上空前絶後の、一大決戦が行われた。

東軍を率いた家康が、石田三成を主将とする西軍を一挙に屠《ほふ》り、その後の徳川幕藩体制の方向を決定づけたもの、として知られている。

決戦の前日、三成をはじめとする西軍主力は、美濃大垣城（現・岐阜県大垣市）に本拠を構え、東軍との決戦に備えていた。この城は東山道《とうさんどう》（中山道《なかせんどう》）と美濃路を結ぶ交通の要衝《ようしょう》にあり、東海道と東山道のふた手から西上してくるであろう東軍を迎え撃つには、戦略上、格好の場所であったといわれている。

この時点では西軍の方が、明らかに東軍に比べて地の利を得ていた。

当然、東軍側はこの地政学的なマイナスを、なんとか挽回しなければならない。そこで家康は、大垣城の西軍主力をつり出す策戦に出た。

「大垣城を無視して、まず三成の居城である佐和山城を落とし、大坂を衝《つ》く」という東軍の偽情報を、西軍陣営に流したのである。

すると、驚嘆した三成は、大垣城を迂回してくる東軍を、地理的に優越した関ヶ原で、待ち構えて迎え撃つ作戦に転じてしまった。

確かに、地の利は三成にあったが、城攻めが苦手な家康にとっては、長期戦を覚悟しなければならない大垣城攻めに比べ、関ヶ原はまだ戦いようがあった。西軍の中にはすでに、不戦を家康に誓ったものも少なくなかったから、なおさらである。

実はこの関ヶ原への誘い、甲斐《かい》（現・山梨県）の名将・武田信玄がその死の直前、当の家康を相手に、三方ヶ原《みかたがはら》の合戦において、すでに実践していた戦法であった。

## 家康の惨敗

信玄が死ぬ四ヵ月前に、彼によって行われた一大決戦――この戦いは、のちに天下人となる家康が、生涯に一度の、完敗を喫した合戦でもあった。

元亀三年（一五七二）十月、上洛を決意した信玄は周到な西上作戦を展開した。京の都までの途中、その行く手を阻むものは、織田信長とその同盟者・徳川家康の二人のみ。信玄は上洛軍三万を率い、家康方の遠江国《とおとうみのくに》（現・静岡県西部）・二俣《ふたまた》城を攻略し、信長方の美濃岩村《いわむら》城を落として、計画どおりに進撃した。

そして十二月の中旬、信玄は家康の居城・浜松城を横目に西上し、徳川氏の本拠地・三河（現・愛知県東部）をつく姿勢をみせる。

この決定は当然のごとく、浜松城にも知られるところとなった。

徳川家の重臣・石川数正《いしかわかずまさ》、内藤信成《ないとうのぶなり》などは口を揃《そろ》えて、

「このうえは、城門を閉ざして出撃せぬことが肝要です。敵が通過したあと、その後方を攪乱《かくらん》するにこしたことはありませぬ」

家康に自重を説いた。が、ひとり家康が納得しない。

「城下を通過する敵に、一矢《いっし》も報いず見送ったとあっては、武門の名折れじゃ」

珍しく怒りを露《あらわ》にした家康は、爪をしきりと嚙みながら、怒りにまかせての出撃命令を下してしまった。

おそらくこの時、家康の脳裏には、自分の先輩ともいうべき信長が、二十七歳のおりに成し遂げた快挙＝桶狭間《おけはざま》の奇襲戦が、かすめたのではあるまいか。

三十一歳の家康は慎重に物見《ものみ》を放ちつつ、信玄の軍勢が〝一望千里〟といわれた三方ヶ原の台地が尽きるあたり、祝田《ほうだ》と呼ばれる狭所で、大挙して食事をとるとの知らせを聞きこむ。

しかし、実はこれこそが信玄の謀略であったことが、その直後に明らかとなる。甲州軍団は食事もとらず、戦いに有利な高所を占め、臨戦態勢をとって待ち構えていた。

奇襲を企てた家康は、逆に罠にかけられ、袋《ふくろ》の鼠《ねずみ》。かえって、迎撃される羽目に陥る。

――家康の完敗であった。

三方ヶ原の信玄も、関ヶ原の家康も、一番おろそかにしてはならないのが〝時間〟との勝負であった。対峙《たいじ》の時間が長引けば、味方に動揺が起こり、団結心に亀裂が生じないとも限らなかった。

「勝兵は先《ま》ず勝ちて而《しか》る後に戦いを求め、敗兵は先ず戦いて而る後に勝ちを求む」

といったのは、信玄と家康が共に学んだ『孫子』の兵法だが、若き日の大敗北を教訓とした家康は、同じような状況にあった関ヶ原の合戦で、老練な信玄の戦法を見事に真似《まね》ることによって、ひいては天下を取ることができた。

三方ヶ原の合戦のおり、信玄は五十二歳。関ヶ原の合戦のおりの家康は、五十九歳であった。

家康が、いかに三方ヶ原の合戦を教訓としたか――三方ヶ原での敗戦のあと、家康が命じて描かせたと伝えられる自画像〝顰像《しかみ》〟が、今日なお、名古屋市の徳川美術館に残っている。甲冑《かっちゅう》姿で床几《しょうぎ》に腰をかける家康の姿が、そこにあった。

家康の非凡さは、多くの成功者が自身の敗北をひた隠しにしようとしたのとは裏腹に、

自らの敗北を、曲げた左足をかかえ込み、左手を顎《あご》にあてがい、意気消沈した姿に残して、その大敗北を肝に銘じたところにあったろう（近年、この〝顰像〟を尾張徳川家の初代・義直が、父・家康の苦難を忘れないように描かせた、との説が出たが、仮にそうであっても、家康の猛省は揺るがない）。

だからこそ家康は、その失敗にとらわれることなく、自らを敗北に導いた信玄のその戦法をすすんで学び、活用することができたともいえる。

「同じ石に二度つまずくな」

とは、古代ローマの政治家であり、哲学者でもあるキケロの言葉だが、家康は、その苦い経験をバネにして自らを鍛えた。ピンチに学び、チャンスに活かしたのである。

過去（歴史）に学び得ない人に、未来を設計することはできない。

だが、逆に過去にとらわれすぎる人も、過去と同じ顔をしては決して現れない、未来に取り組む資格を持たないものだ。

その後、〝大坂の陣〟を経て、豊臣家そのものを取り去った家康は、その少し前、慶長八年（一六〇三）二月に征夷大将軍となり、二年後にはその地位を、あっさりと嗣子秀忠《ひでただ》に譲ることによって、天下に徳川幕府の世襲制を宣言していた。

元和二年（一六一六）四月十七日、家康は七十五歳をもってこの世を去った。

その死後、彼は神となっている。「神君《しんくん》」と称され、「東照大権現《とうしょうだいごんげん》」として日光東照宮に祀られたことは周知の通りだが、これも学びによるものであったことを知る人は少ない。

豊臣秀吉がこの世を去ったあと、「豊国大明神」として祀られた豊国神社を真似《まね》たのである。家康の天下人としての工夫には、ことごとく前例があった。およそ、この天下人らしからぬ天下人は、死後においても、先輩である秀吉から学んでいたのである。

元来が小心者で、なにごとにつけても周章狼狽《しゅうしょうろうばい》し、それでいながら一面、短気で激越家の家康に、それでもなお天下を取らせたものがあったとすれば、猛省の心、懸命必死な〝物学び〟（学問）の姿勢であった、といえる。

現代に生きるわれわれも、ぜひ家康に学びたいものである。

# 失敗後も情勢を察知しチャンスを待つ
# 関ヶ原の敗戦から返り咲いた奇跡の武将、立花宗茂

## 忠義、剛勇、鎮西一

日本史の奇蹟は、戦国時代末期に立花宗茂をもち得たことではないか、と筆者は手ばなしで賞賛してきた。

なにしろこの武将は〝生涯、無敗〟という信じられない勝率を戦場であげていた。

しかも、人物に屈託がない。

天下人となった豊臣秀吉が、居並ぶ大名たちを前に、この武将とはじめて対面したおり、「その忠義、鎮西一《ちんぜいいち》。その剛勇、また鎮西一」

と激賞している。

ときに宗茂は、わずかに二十一歳でしかなかった。

怒濤《どとう》の如く進撃、北上してきた島津勢三万余を、わずかばかりの手勢三千をもって、博多近郊で迎え撃ち、宗茂は秀吉の大軍が到着するまで、みごとに持ち堪《こた》えた。

まさに、万人が認める若き天才戦術家の出現であった。

とにかく彼は、合戦に強かった。とりわけ、寡兵をもって大軍を敗《やぶ》るという戦術においては、際立った手腕をその生涯に幾度となく発揮している。

宗茂は、大雄小傑雲の如くといわれた九州の、一時期は六ヵ国を制した豊後の大友宗麟《そうりん》（義鎮《よししげ》）の重臣・高橋紹運《じょううん》（鎮種《しげたね》）を父に、この世に生をうけていた。永禄十年（一五六七）のことである（異説あり）。

幼名を千熊丸《せんくままる》と名付けられている。

天正九年（一五八一）十月、十五歳のおりに、同じ大友家の戸次道雪《べっきどうせつ》（鑑連《あきつら》）にたってと望まれ、その娘・誾千代《ぎんちよ》を娶《めと》って養嗣子となった（この時、彼女は十三歳）。

養父の道雪は、大友家の名門「立花」姓の名乗りを、宗麟から許されたほどの武功の士で、生涯三十七度の合戦に一度も負けたことがない、といわれた名将であった。

その勇猛さには類がなく、しかも、この男ほど部下の将士の心を知っていた武将も少なかったようだ。

客の前で粗相《そそう》をした若い家臣がいると、道雪は客の目前にその者を呼んでいう。

「この者は粗忽者《そこつ》（そそっかしいやつ）で不調法《ぶちょうほう》をいたしましたが、こと戦《いくさ》となると、火花を散らして戦います。槍を使わせたら、わが家一かもしれませぬ」

若い家臣の心中はいかに。心憎いほど、家臣に細やかな配慮を尽くしたため、将兵たちはこの人のためなら、いつでも生命《いのち》を捨てよう、と思い定めていたと伝えられている。

また、宗茂の実父紹運も、心理的分析力に秀《ひい》で、敵味方の心の中を掌《たなごころ》をさすように、読み取る名人として知られていた。

宗茂はこの稀代の二人の〝父〟から、多年、薫陶鍛錬をうけて育ったことになる。懐かれて、しかも威のある名将として――。

## 主家・大友氏の敗北

宗茂は十代半ばから養父について、筑後（現・福岡県南西部）各地を転戦。将来を大いに嘱望されたが、皮肉なことに、主家《しゅけ》の大友氏は天正六年（一五七八）の耳川《みみかわ》の合戦で宿敵・薩摩《さつま》の島津氏と戦い、致命的な敗北を喫《きっ》して、その威望を大いに失墜させてしまう。

宗茂も二人の父も、各々、筑後に出兵中でこの大会戦には参加していなかったが、三人はまさに、命運尽きんとする大友氏を懸命に支えた。その後も、北上してくる勇猛果敢な島津勢を相手に、七年間も奮戦することとなる。

宗茂の技量は、いやがうえにも連日、実戦のなかで磨かれていった。

天正十四年、道雪が前年の九月十一日、陣中で病死したことにより、弱気になった主君宗麟は、大坂に馳せのぼり、豊臣秀吉に臣下の礼をとって、自領の安泰をはかろうとした。

このおり宗麟は、秀吉に高橋紹運と立花宗茂の父子を、直参の大名に取り立ててもらいたい、と申し出た。

その直後の、島津氏十万余の軍勢が北侵した一件は、すでに前述している。

その後、宗茂は秀吉の直参となり、九州征伐では卓越した殊勲を立て、筑後国柳河《やながわ》（現・福岡県柳川市）に十三万余石を与えられる大名となった。

領国経営にあたりながら、宗茂は一方で佐々成政の不手際から起こった肥後の一揆鎮圧のために参陣している。

一日に十三回の戦闘を行い、敵の城砦《じょうさい》を抜くこと七ヵ所という殊勲を立てたのはこのおりのこと。

天正十六年七月、宗茂は従五位下《じゅごいのげ》に叙せられ、「侍従《じじゅう》」に任ぜられた。

ますます高まる宗茂の武名を、さらに史上に喧伝《けんでん》したのは、文禄元年（一五九二）の文禄の役であった。

軍役より多い三千の兵を率いて第六軍（主将・小早川隆景）の一翼を担い、出国した宗茂は、破竹の勢いで朝鮮半島を進軍。漢城《ハンソン》（現・ソウル）を占領し、卓越した手腕を遺憾なく発揮したが、なかでも翌年の碧蹄館《ビョクジェグァン》の戦いでは、明の名将・李如松《りじょしょう》が十万と号する大軍（実数四万八千）を率いて来襲。

小西行長《ゆきなが》、大友義統《よしむね》（宗麟の嗣子）らの陣が崩されたおり、宗茂は自ら反撃の先鋒をつとめ、五百人近い犠牲を出しつつも、明の大軍を見事に打ち破っている。

『天野源右衛門覚書《あまのげんえもんおぼえがき》』（実在の戦国武士の覚書と称する幕末の読物）では、立花勢が三千をもって明軍三十万を斬り崩した、と述べられている名場面である。

余談ながら、著者とされる源右衛門はもと明智光秀の家来。羽柴秀勝・同秀長、蒲生《がもう》氏郷と仕え、この頃は宗茂の配下にあった（のち肥前唐津藩主・寺沢広高《ひろたか》に再仕官）。

源右衛門は歴戦の将といってよく、同様に〝稀代〟を謳《うた》われた氏郷につづいて宗茂に仕えたところが興味深い。

その後、慶長の役は秀吉の死によってうやむやとなり、宗茂も慶長三年（一五九八）十二月に日本へ帰国。ときに、三十二歳であった。

文禄の役で、すでに立花宗茂の名は不動のものとなっていた。

こうした宗茂が生涯でただ一度、大きな判断ミス、失敗を冒したのが、関ヶ原の戦いであった。

秀吉の死後、台頭した五大老の一《いつ》・徳川家康に対して、五奉行の一・石田三成がその勢力拡大を懸念、両者は風雲急を告げた。

いずれ決戦になる、とみた両陣営は、宗茂獲得に同時に動く。

家康方の陣営からは、

「勝利の暁には、五十万石を進呈する」

とまで誘われている。

しかし宗茂は、自らを引き立ててくれた、亡き秀吉への義理立てから、西軍荷担を決断。自ら東軍側の大津城攻撃を主導し、城主の京極高次をみごと降参開城に導いている。

## 大津城をめぐる戦い

余聞ながら、この大津城城主の京極高次という人物は、風変わりな人生を歩んでいた。名門の出ゆえの栄達への足掻《あが》きもさることながら、閨閥《けいばつ》に助けられて、人も羨《うらや》む（多分に侮辱を含んだ）出世を遂げたという点では他に類例をもたない。

織田信長に仕え、室町幕府の名家・京極家の当主ということで、五千石を得ていた高次であったが、天正十年（一五八二）六月、信長が本能寺に横死すると、あろうことか明智光秀の誘いに乗って挙兵してしまい、羽柴（のち豊臣）秀吉の本拠・長浜城を攻めている。

ところが、光秀は山崎であえなく敗死。高次は秀吉の怒りを怖れ、越前（現・福井県北部）の柴田勝家のもとへ。勝家が賤ケ岳《しずがたけ》で敗れると、次には若狭（現・福井県西部）の守護・武田元明《もとあき》のところに逃げ込んだ。この元明は、高次の妹を妻としていたからである。

だが、このままでは元明までが、高次の巻き添えを喰って、秀吉に殺されかねない。

とうとう逃げ場のなくなった高次は、進退きわまり、なんと妹の龍子＝元明の妻を、秀吉の側室として差し出し、危うく生命《いのち》を救われた。女好きでは有名な秀吉のこと、高次を助命したばかりか、二年後には二千五百石を与えている。

この秀吉の側室となった龍子が、のちに京極殿、松の丸殿と称された美貌の持ち主であった。彼女は秀吉の寵愛《ちょうあい》を得て、淀殿に次ぐ側室ナンバー2となる。

おかげで運が開けた高次は、文禄四年（一五九五）、ついに大望の大名＝近江（現・滋賀県）大津六万石の城主となり、やがて従三位《じゅさんみ》・参議にも叙任された。

こうしたことから、高次は妹の尻の光で出世した、〝ホタル大名〞と陰口を叩かれることになる。

それでも高次自身は、妻が徳川秀忠の正室・お江《ごう》（小督《おごう》）の姉（淀殿の妹）である縁で、秀吉の死後は徳川家に接近。関ヶ原の戦いでは大津城で籠城して、東軍のために奮闘した。

しかし、関ヶ原の戦いの前日、高次は宗茂率いる西軍に敗れて開城し、自身は高野山に逃亡してしまう。本来なら戦後、高次は厳しくその敗戦を叱責されてしかるべきであったが、徳川家との姻戚関係があったおかげで、大津籠城のことはうやむやとなり、若狭小浜八万五千石を与えられ、翌年には、さらに九万二千石に加増された。

慶長十四年（一六〇九）五月、彼はこの世を去った。享年は四十七である。妹、妻、その妹と、女の力によって生命《いのち》を救われたばかりか、九万余石もの大名になった男もめずらしい。

## 返り咲いた敗軍の将

——話を、立花宗茂に戻そう。

彼は大津城をめぐる戦いで勝利した。だが、肝心の関ヶ原の戦いで、宗茂不在の西軍は、まさかの完敗を喫してしまった。

もし、宗茂が大津城攻めではなく、関ヶ原の本戦に参加していたならば、あるいは日本の歴史は大きく方向を変えたかもしれない。

実に悔やまれる結果ではあったが、宗茂本人はまだ、西軍の敗北とは考えていなかった。

「大坂城がある。ここで立て直せば——」

まだまだ巻き返しは可能だ、と自らをも励ましつつ、彼は大坂まで陣を粛々《しゅくしゅく》と撤収した。

宗茂は、西軍の総大将・毛利輝元《もうりてるもと》に大坂城での籠城を進言。あくまで抗戦することを説いたが、輝元は一向に煮えきらない。

それもそのはずで、毛利家は合戦前から、家康方に通じていたのだから。

失意のまま、九州の柳河に帰った宗茂だったが、周囲の黒田官兵衛（号して如水）や加藤清正ら東軍方の諸将も、その武勇を惜しんであえて合戦をしかけず、降伏を勧めるありさまであった。

「このうえはいらず候へども、万一、身上も成り立ち候へば目出候。らう（牢）人一篇にも成り候はば、この前よりの御なじみまいらせ候間、御かげをも頼み申すべくと存じ候」

宗茂は家臣の多くを清正に預け、城を明け渡して、牢人《ろうにん》の境遇となる。

それから、宗茂はどうしたか。これがまた、尋常ではなかった。

降るごとく持ち込まれる仕官（何万石という）の話をことごとく蹴って、彼は京の都や江戸で牢人生活を送っている。

この間、欠乏した主人の食事を補うため、付き従ってきた家臣が雑炊を作ったところ、宗茂はそれをひっくり返したという。

「こんなものが喰《く》えるか」

いまだ大志を失っていない主人の姿を目にして、家臣たちはうれし泣きをしたという。

ほどなく、家康の後継者で二代将軍となっていた徳川秀忠に請われ、慶長九年（一六〇四）に五千石の幕府相伴衆《しょうばんしゅう》に取り立てられ、ついで奥州南郷（現・福島県東白川郡棚倉町《たなぐらまち》）一万石へ。さらには元和六年（一六二〇）、十一万石余の柳河の領主に復帰している。

三十四歳で柳河を去ってより、実に二十年目の帰国であった。

関ヶ原の合戦での改易後、旧領において大名として復帰したのは、宗茂ただひとりとされている。

この奇跡は、大坂の陣へと向かう不穏な状況下に、宗茂が牢人して市井にいたことが大きく作用していた。

この無敗の男に、大坂城に入られてはたまらない、宗茂の徳川家への出仕には、彼の大坂方への参陣を警戒した、徳川方の懸命の懐柔策という側面があった。

おそらく宗茂は、そうした徳川方の思惑を、当然のように察知していたのだろう。

その後、この名将は寛永十九年（一六四二）十一月二十五日まで生き、七十六歳で江戸に没した。

戦野にあけくれた武人にしては、どこまでも平穏な死に顔であったと伝えられている。

奇蹟のような常勝将軍、そして関ヶ原で敗れながらも返り咲いた稀有な存在。武将・立花宗茂の真骨頂は、ここにあったといえよう。

### 失敗に学び時代を先取り

# 先駆けの功を咎められて

## 転身した石川丈山

### 家康のボディーガード

京都の洛北一乗寺には、名所「詩仙堂《しせんどう》」（正しくは凹凸窠《おうとつか》）がある。ところが皮肉なもので、観光客の多くはこの名庭に魅了されるあまりに、「詩仙堂」を創った主人そのものを、顧みようとはしないようだ。

正しくは、石川嘉右衛門（のち左親衛《さこのえ》）重之《しげゆき》という。字《あざな》の丈山《じょうざん》の方が、多少は知られているかもしれない。

天正十一年（一五八三）十月、三河国碧海《へきかい》郡泉郷（現・愛知県安城市和泉町）に、彼は

生まれていた。生粋の三河武士といってよい。

四歳で往復六里（一里は三十六町、約三・九キロ）を歩いた、との挿話もあり、七歳のころ、父・信定は周囲に、

「この子は普通ではない。他日、日の本一の英俊の人となるか、然《しか》らざれば日本一の悍悪《かんあく》の人（奸悪、腹黒い悪者）となろう」

と語ったとか。

大志を抱き、一刻も早い初陣をせがんだが、父は嫡男であることもあり、なかなかそれを許さず、逸《はや》る嘉右衛門は十三歳のおり、ひそかに家郷を出奔し、武蔵国埼玉郡の忍《おし》城（現・埼玉県行田《ぎょうだ》市）にあった、親戚の石川遠江守信光を頼っている。

その後、五十歳で没した父にかわり、十六歳で嘉右衛門は家督を相続。この年、徳川家康の近習となった。慶長五年（一六〇〇）の関ヶ原の戦いにも、十八歳で参陣。

このおり家康は、嘉右衛門の勇壮篤勤を愛し、己れの寝室の戸外への宿直に抜擢している。ボディーガードといってよい。

二年後の慶長七年、嘉右衛門が伏見にあったおり、同輩の近藤平右衛門が人と争って負傷し、床に臥す事件が起きた。

嘉右衛門はこの友のために、昼は常と同様に出仕し、夜は徹夜で看病をつづけるとともに、二十一日間、まともに眠らなかったという。二十歳のときのことである。

その五年後、駿河で大火があり、水戸の徳川頼房《よりふさ》（家康の十一男）が幼くして火中に逃げおくれた。乳母に抱かれて立ち往生したとき、燃えさかる火の中へ飛びこんで、頼房を抱き、乳母の手を引いて脱出に成功したのも嘉右衛門であった。

小さな合戦は慮外として、納戸衆をつとめ、家康の側近くに仕えていた彼は、徳川家でも屈指の武勇に優れながら、一方で大きな武功にめぐまれない、己れの境遇を恨んでいた。なにしろ、敵勢が天下人の家康の本陣＝嘉右衛門のいるところにまで、迫るといった事態が、皆目なかったからである。

もっとも、日々の武術鍛錬は凄まじいものがあったようだ。

のちに槍術を内海左門《うちみさもん》に学び、砲術を稲富一夢《いなとみいちむ》に、柔術を福野七郎右衛門について修めたが、これらはいずれも三十代後半のこと。

それ以前は我流で、日々、戦場を想定した実戦の工夫に余念がなかった。併せて、軍略の書にも親しみ、とくに『孫子』と『呉子』を懸命に修めたという。

三十歳の頃には、その武勇を知る紀州の徳川頼宣《よりのぶ》、水戸の頼房などから、ぜひにも家来にもらいうけたい、と働きかけがなされたが、嘉右衛門本人はそれを受けなかった。大望があったとも、いずれ隠退の志があったからだ、ともいわれている。

——それにしても、戦場での功名をあげる出番がめぐってこない。

いつしか嘉右衛門も、三十三歳になっていた。このまま歳月を経れば、天下に名の轟く武辺者にはなれない。

「腕に覚えはあるが、合戦経験がなァ……」

と、年寄《としより》にいわれかねなかった。

## 大坂城先登に成功

天正二十年(一六一五)四月、戦国最後の大きな合戦、大坂夏の陣が勃発する。

「この戦いで、家康公麾下《きか》の士のうち、三人が敵の首級《みしるし》をあげたと聞かれたならば、その中の一人はそれがしであると、思って頂きたい。しからざれば、再びお会いいたしますまい」

嘉右衛門は参禅していた説心《せっしん》和尚に、そう語って別れたという。

ところがおり悪しく、出陣後、家康に従って京都にあった嘉右衛門は、傷寒（チフス）にかかってしまい、名医・曲直瀬道三《まなせどうさん》の治療をうけたものの、効果のほどははかばかしくなかった。

そこへ、江戸の母から手紙が届く。

「代々、徳川家に仕え、戦功をあげてきた石川家に生まれながら、あなたはその非常の功が今日までにない。もし、この度《たび》の合戦で戦功をあげられなければ、母は再びお前にには会うことはないでしょう」

内容は、極めて厳しいものであった。

病床の中、人にこれを読ませて、聞いていた嘉右衛門は涙を流し、己れの不甲斐なさを反省した。

（功名あげられずんば、死すべし）

五月五日、家康が大坂へ向けて出陣すると、なお人事不省の状態にあった嘉右衛門は、駕籠《かご》に乗って家康のあとを追った。

途中、東寺街道をすぎたあたりで、家康の本陣を追い抜いたが、その駕籠を目撃した家康が不思議に思い、かたわらの田上右京《たのうえうきょう》に調べさせたところ、

「石川嘉右衛門にございます」

と判明した。

家康は、嘉右衛門の決死の覚悟を知ってか知らずか、先へ進ませることを押し止《とど》め、本軍への従軍を命じる。

八幡《やわた》へようやく着いた頃、嘉右衛門はどうにか馬上の人に復帰したものの、熱にうなされ、咽喉の渇きに閉口している。ところが、水を三杯立てつづけに飲んだところ、これがたちまち効いたようで、気分が晴れたという。

このあたり、気力の凄まじさ、虚仮《こけ》の一念の恐ろしさを物語ってあまりある。

だが、五月六日、難波に到着した家康は、ここで軍令を発した。

「麾下近侍の士は、（大坂城へ）先登《せんとう》することを禁ずる」

先登、すなわち「一番乗り」をするな、というのだ。

これでは母の期待に応えられない。嘉右衛門は意を決し、本陣を抜け出して、先鋒軍の加賀金沢藩主・前田利常の軍勢にまぎれこんだ。

うまい具合に、前田家の先鋒隊長は従兄弟にあたる本多安房守政重（前田家家老・正信の次男）であった。

嘉右衛門は官使と偽って、充満する軍兵の間をすり抜けるようにして、前へ、前へと進んだ。

岡山（現・大阪府大阪市生野区）において、ついに大坂方と激突。敵兵とわたりあい、嘉右衛門はここで「一番首」をあげ得たのだが、そのままさらに前へ進む。

途中、馬卒《ばそつ》などがおくれ、徒歩となった嘉右衛門は、平野路をすぎ、ついに大坂城の黒門へ迫った。

このとき、敵将・佐々十左衛門《さっさじゅうざえもん》と一騎討ちとなり、この首をあげている。

嘉右衛門はついに、大坂城の「一番乗り」を果たしたのであった。

少しおくれて前田利常が、一万余の軍勢を率いてやってきた。

この中に政重もあり、

「よくやった。わが殿の前にこぬか」

と声を掛けたが、嘉右衛門は首を横にふり、

「今日の先登は名利をてらうものにはあらず、わが祖先の名を辱めざるための功名である。前田公に、お会いするためのものではない」

そういって、立ち去ってしまった。

合戦における槍先の功名、最大のものは「一番槍」と「一番首」である。

敵方が槍衾《やりぶすま》を連ねて待ち構える中へ、突撃するのは何よりも恐ろしいことであった。十中八、九は、満身を敵勢に寄ってたかって串ざしにされ、死ぬ。

そこをくぐり抜け、幸運にも敵方に最初に槍をつけることができれば、「一番槍」であるが、その成功率はきわめて低かった。

誰よりも早く、敵の首級をあげる「一番首」も、最前線=敵地に飛び込む豪勇がなければ、決して狙えるものではなかった。嘉右衛門は、この二つの功名を成し、さらには「先登」を成し遂げたのである。

大坂夏の陣における、最大の名誉、武功といってよかった。

## 第二の人生

では、この武人最大の名誉をあげた嘉右衛門は、その後、栄達して大名にでもなったかといえば、さにあらず。

抜け駆け=軍令違反の罪で、蟄居《ちっきょ》を命じられてしまう。

叔父にあたる家康の軍師・本多佐渡守正信が取り成そうとするが、家康が駿府に帰ってのち、嘉右衛門は薙髪《ちはつ》して妙心寺に入る。彼の心情は、複雑であったにちがいない。先駆けの功名こそが、戦国乱世の、武士の習いであった。ところがその行為が、いつしか全体の統制を乱す軍令違反に貶《おとし》められていた。

鉄砲の発達にともない、合戦の様式が大きくかわったことが、最大の原因であった。

一斉射撃の前に、個人の功名などは認められにくくなっていたのだ。

徳川家を去った嘉右衛門は、その後どうしたか。以前から参禅を積んでいた彼は、妙心寺でこれからの行方をひとり熟慮したようだ。

嘉右衛門には、病弱ながら厳しい母があった。

当面、母を養うためにも、何処か仕官しなければならない。が、

「もはや、武辺の時代ではない」

と、深く自らをも反省した彼は、知己であった幕府の儒学者・林羅山の紹介で、その師の藤原惺窩《せいか》の門に入って、儒学を改めて修め、朱子学を研鑽《けんさん》する。

なんと嘉右衛門は、学者の道に転身したのである。この時、三十五歳。

大坂夏の陣のあと、病に伏した母を看病しながら、嘉右衛門こと丈山は猛勉強を自らに

課した。

眠気覚ましに座布団を水に浸して坐し、頭巾を水にぬらして被《かぶ》ったという。

武から文への転身。家康の死、本多正信の死を見送ると、再び京都へ戻った丈山は、鞍馬街道の市原に隠棲していた惺窩に、さらにその学問の深奥を学び、

「武士の道を歩むことのみが、男子最上の選択ではない。儒学に進むのも、王者の師たる道である」

という惺窩のはげましを支えに、短期間で学問を修めた。

元和四年（一六一八）に老母を養うため、津藩主の藤堂高虎に仕え、同九年には板倉重昌のすすめで広島の浅野家（紀州より移封）に再士官している。ちなみに、この頃、嘉右衛門は三千石を拝領していたという（天野信景著『塩尻』）。

興味深いのは、丈山が講義したものの中には、『施氏七書講義《せしししちしょこうぎ》』なるものがあり、これは金《きん》の施子美《ししび》が中国の兵法書――『孫子』『呉子』『尉繚子《いりょうし》』『六韜《りくとう》』『三略』『司馬法』『李衛公問対』の七書――を講義したものを、丈山が訓点を施して、解説したものであった。

丈山の儒学には、兵学＝軍略・兵法も含まれていたわけだ。

もっとも、この人物が抱いていたといわれる〝隠退の志〟は、決して嘘ではなかった。

寛永十二年（一六三五）に母が病没すると、翌年には早々と広島藩を致仕。京都の相国寺畔に庵住《あんじゅう》（いおりを造って住むこと）している。ときに、五十四歳。

以後、度々の学者としての招聘《しょうへい》話にも耳を貸さず、五十九歳にして凹凸窠を起工。翌年にはここへ移って、知己十数人のほかは門を閉じ、多くの人々とは交際せず、悠々自適の生活——とはいっても清貧の中で——を送り、寛文十二年（一六七二）五月二十三日に、丈山は九十歳で没した。

隷書、漢詩の大家といわれ、わが国の煎茶（文人茶）の開祖とも称せられる石川丈山——この人物の隠逸の風は、後世に多大な影響を与えた。

文武にすぐれ、なお風雅の心ある武士は、その生き方に憧れ、凹凸窠を訪れる人士があとをたたなかった。

剣は明らかに儒学の後塵《こうじん》を拝していた——そういう時代になっていたのである。

それにしても、よくぞ思い切れたものだ。

まったく異なった道を自ら選択し、成功した丈山は、まさに人生の〝達人〟といってよかったろう。その志と根気に、ぜひともあやかりたいものだ。

著者

## 加来耕三

（かく　こうぞう）

歴史家・作家。1958年、大阪市生まれ。奈良大学文学部史学科を卒業後、奈良大学文学部研究員を経て、現在は大学・企業の講師を務めながら、著作活動に勤しんでいる。『歴史研究』編集委員。内外情勢調査会講師。中小企業大学校講師。政経懇話会講師。主な著作に『紙幣の日本史』（KADOKAWA）、『日本史に学ぶ一流の気くばり』（クロスメディア・パブリッシング）、『利休と戦国武将　十五人の「利休七哲」』（淡交社）など多数。

挿画

## 中村麻美

（なかむら　まみ）

画家・挿画家。三重県津市生まれ。三重県立津西高校、津田塾大学卒。深層心理学をメソッドに日本人の精神性を研究、日本画塾で作画の基礎を学ぶ。NHKBSニュースキャスター、絵本翻訳業を経て日本人の心を伝えるメディアとして絵画を志す。書籍、雑誌、新聞、テレビ番組などで歴史物、武人画、創業者などの挿画を手掛け、近年は歴史上の人物の岩絵の具の本画作品制作にも新境地を開く。1986年度ミス日本グランプリ受賞。著作に絵本『伝えたい日本のこころ』（公益財団法人日本武道館発行2016）など。

# 歴史の失敗学
## 25人の英雄に学ぶ教訓

2019年10月28日　第1版第1刷発行

| | |
|---|---|
| 著者 | 加来 耕三 |
| 挿画 | 中村 麻美 |
| 発行人 | 廣松 隆志 |
| 発行 | 日経BP |
| 発売 | 日経BPマーケティング |
| | 〒105-8308　東京都港区虎ノ門4-3-12 |
| 装丁・本文DTP | 中川 英祐　中澤 愛子 (Tripleline) |
| 印刷・製本 | 大日本印刷株式会社 |


　ISBN978-4-296-10428-4